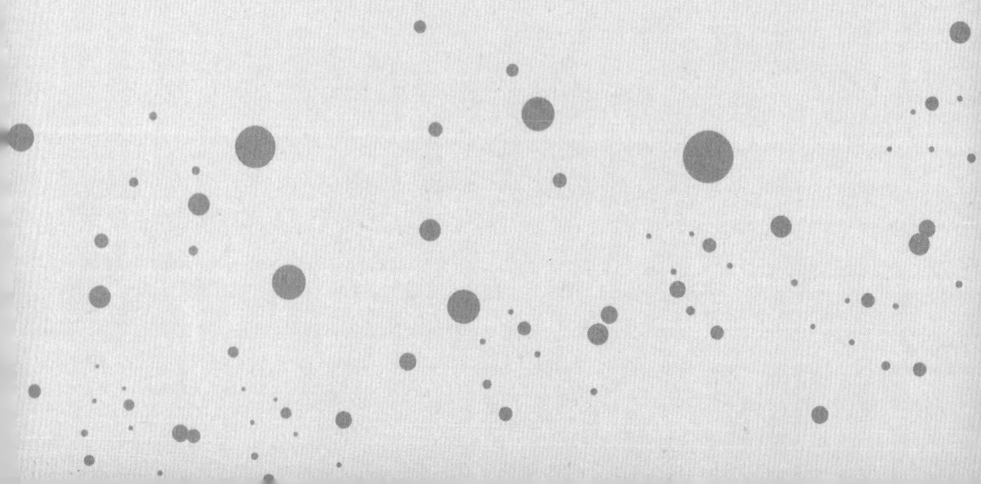

# 利他存摺

天天累積，
給出去的終究會回來

許維真（梅塔）著

# 目錄 Contents


推薦序　發揮利他精神，讓臺灣的明天更好！　鄭緯筌　009
推薦序　違反直覺的動物行為——利他主義　趙式隆　013
前言　給出去的終究會回來　017

第一章　利他的能量

自我存在的覺醒　027
放下我執，開始利他　029
給予之後的生命禮物　032
商業行為才是眞正的公益　035

你不需要很有錢就可以開始利他　038
透過利他帶來超乎理解的奇蹟　039
帶來愛與財富的利他能量　044

## 第二章　利他新手村

**利他就是利己**　051
學習「自私」的利他　054
利他也要保護自己的氣場　058
先累積經驗值，再去幫助別人　060
利他無須宗教，自己就是平臺　062
活出人生的原廠設定　065
活化自己的脈輪　067

## 第三章 利他的人際界線

**堅守底線的利他者** 081
阻礙利他的角色 083
保持健康的同理心 088
衝突後的自我覺察 089
健康利他者擁有的調整力 097
學習用衝突加強玻璃心的免疫力 101
利他先從誠實表達自己開始 106
誠實也得留一線，日後好相見 108

## 第四章 利他的自我保護


**利他對原生家庭的反饋** 115
我們或許都曾經受過傷 116
請先面對內心的洞 119
成爲支持自己的人 120
利他前先利己，從練習拒絕開始 130
好的利他是保有自己，並與人產生連結 132


## 第五章 利他的日常實作


**不可思議的好運，來自你的價值觀** 139
累積利他存摺時，小心能量反噬 142

二十一天的利他練習 144
舒緩利他時身心出現的不適 167
**後記** 人生快樂的基本元素 173
**利他實作書單** 177

〈推薦序〉

# 發揮利他精神，讓臺灣的明天更好！

鄭緯筌

說到我的好友梅塔，我們有很多相似之處：好比兩人都熱愛閱讀、喜歡幫助朋友，更有趣的是，臉書還都給了我們獨特的藍勾勾……

老實說，我已經忘記是何時認識梅塔的！但臉書說我和她有四百零九位共同朋友，可見我們不但處於同溫層之內，而且還結識很多志同道合的朋友。從以前的「一書一觀點」開始，我就常看她主持的直播節目，後來變得比較熟稔之後，也常聽梅塔聊起她和她的社群訂閱客戶VVIP之間的溫馨故事。

彷彿像是說好了似的，去年十一月我才剛出版新書《內容感動行銷》，如今又換她接棒，推出最新力作《利他存摺》。很高興有機會可以搶先拜讀大作，並且可以說說自己的閱讀感受。

什麼是利他呢？根據維基百科的介紹，利他主義（英語：altruism，也可譯爲利他行爲）源自於法文altruisme，字源可溯自義大利文及更早的拉丁文alter，即其他、別人的意思。利他主義是一種無私、爲他人福利著想的行爲，在道德判斷上，別人的幸福快樂比自己來得重要。利他主義在許多思想和文化中，堪稱是一種美德。

我同意，別人的幸福快樂，有時眞的遠比自己的幸福快樂還要來得重要。也一如梅塔爽朗的個性，她在這本書開頭就開門見山的指出，希望可以幫助讀者朋友們藉由利他找到人生方向的法則，進而將利他習慣化，最後打造透過利他讓能力升級的好運原則。

所謂「放下我執，開始利他」，無疑是一種崇高的品格精神，箇中滋味更值得我們深思。換句話說，利他精神不但是一種可貴的情操，大家更應在日常生活中努力思考與實踐。

向來直言不諱的梅塔，也大方在書中分享自己對於金錢的看法，讓我感同身受。要知道，在這世界上很多人的金錢觀往往有所偏差——不是害怕談錢，就是覺得賺錢這件事只能做卻不能說……其實不見得是這樣。

梅塔指出，其實金錢不只是某個從外面賺回來的東西，也是我們每個人必須眞心覺得努力之後值得獲得的回報。當你活出自己，能夠無畏的表達眞實的自我，我們所需要的一切豐盛就會帶你找到通往的道路。

就在新冠肺炎疫情肆虐全球之際，各國的經濟、政治都受到嚴重的衝擊影響，身處地球村之中，臺灣自然也不例外。儘管百業蕭條的現象讓很多朋友不免感到人心惶惶，但我卻覺得此刻無疑是個轉機，也是大家正視與發揚利他主義的最佳時機。

有人說：「你的歲月靜好，不過是有人替你負重前行。」這話的確有幾分道理，我們都應該知足感恩。所以，我不但很樂意向您推薦梅塔的這本新書《利他存摺》，更期許大家可以發揮利他精神，讓臺灣的明天更加美好！

（本文作者爲《內容感動行銷》作者，「內容駭客」與「做最棒的自己」網站創辦人。）

〈推薦序〉

# 違反直覺的動物行爲——利他主義

趙式隆

接到梅塔的推薦序邀請，是在二〇一九年的十二月，老實說當時我對於新書的內容完全沒有任何概念，但基於能夠搶先市場讀到未出版書的小小虛榮心，我還是答應了她出的功課。三個月後，在新冠肺炎全球防疫的期間，我收到了這本書的初步落版稿，出版社請我交功課了，這時我才知道，原來是一本關於利他主義的書。這個主題很有意思，在這個人心惶惶，國際社會需要更多互助與善念的時間點，也確實十分值得推薦。

大部分的人，對於我個人專長的了解，通常會落在創業、投資，或者是軟體與通訊工程。但鮮爲人知的是，在學習電機工程和計算機科學領域之前，其實我的本行是生命科學。

在衆多分支學科的生物學範疇中，我最喜歡的學門是生態學裡的一個小領域，叫做動物行爲學。動物行爲的範疇，包含了溝通行爲、情緒表達、社交行爲、學習行爲、繁殖行爲等，廣爲人知的巴夫洛夫古典制約，就是在這個學門中對動物學習認知行爲的重要研究成果，對於人類的心理學也有很大的貢獻。

基因，是物種延續的核心。將自己的基因極盡可能的傳遞給下一代，成爲每個個體在這世界上最重要的使命。因此，遺傳學家合理的推斷，在殘酷的天擇中，只有自私的基因會被留下來。而不自私的基因代表了自身適應度的下降，繁殖成功率的降低會導致基因在演化的洪流中逐漸稀釋，消失是唯一的結果。

然而，上述看似嚴謹的邏輯，卻存在著爲數不少的反例。事實上，在自然界中，動物仍然時常表現出利他的行爲。更精確的說，這些驅動犧牲自身的適應度，來提高其他個體適應度行爲的利他基因，被世世代代完好保留在族群之中。演化生物學家提出了一些理論，包含了親擇、族擇、交互利他，但至今沒有任何一個理論能夠完美解釋所有的情形。

不論原因爲何，雖然天擇選汰的層次在於個體，但這些看似對於留下自身基因於種群內沒有幫助的利他基因，仍然通過時間的考驗被保留了下來。這足以證明這些看似自我犧牲的行爲，其實具備了演化上更重要的意義。

當然，人類的行爲並不像其他動物，除了基因角度的解釋，社會文化的傳承也扮演著很重要的角色，也因此我們需要更多不一樣的論述。在這本書中，梅塔提出了一些有意思的人類利他行爲的觀點、實踐與經驗分享，值得大家咀嚼與反思，在此特別誠摯推薦給大家。

（本文作者為臺灣矽谷創業家協會理事長。）

前言

# 給出去的終究會回來

花了二十萬元環遊世界五大洲以後，很多人常問我這些問題：

「梅塔，我不懂耶，我旗下好幾個藝人都有百萬粉絲，爲什麼妳的臉書一開始只有自己按讚，還可以有藍勾勾認證？」

「梅塔，爲什麼妳看起來好像沒特別努力，卻可以遇到這麼多神奇的事，似乎總是心想事成？」

「梅塔，爲什麼妳能眞心祝福他人？特別是擁有比妳多資源的人？」

答案很簡單，就是「利他」。只要開始利他，你的人生一定會開始轉變。

這本書是我想送給各位的人生小禮物：

- **藉由利他，找到人生方向的法則。**
- **將利他習慣化的ＳＯＰ。**
- **透過利他讓能力升級的好運原則。**

出生在佛寺家庭，從小協助住持奶奶處理信眾的人生問題之餘，又眼見戰爭、天災人禍，以致我對苦難自小就有比較深的感受。苦難使我善於思考自己的人生，也讓我早熟。

雖然家族信奉佛教，但我從小念私立天主教道明中學，因此也有很多基督教的朋友。

我總是開玩笑的跟朋友說：「我相信有神，不過不是你們信奉的那種。我相信我們內在都有神性，而我們在地球的每一天就是活出神性的狀態。」

我不是無神論者，只是我相信的神，可能不是多數人信奉的那種。

當很多人在宣稱「信仰」時，我總比別人多一分躊躇。

因爲我不願跳入任何權威式的信仰框架，偏偏我們的社會制度與教育體系卻是如此。

其實在下意識裡，我不認爲人是可以完全信任的，因爲我更相信不要挑戰人性。

你可以說我是早熟的思考者，但在我十歲時，內心深處就立下尋找能投入一生、不悔的眞理。而在我自行摸索近二十年的人生過程中，體悟到在這個人與人的意識互相連結的宇宙，**我們在個人世界的進步，也能造成整個世界的進步，進而利益到每個人。**

我希望自己的網路直播、影片還有文字，能夠對提升每個人的整體意識覺醒有所啓發。透過網路與自媒體，日行一善、法布施超過十年的我是這樣想的：**「我們給出去的東西最終都會回到自己身上，而我們貢獻給生命的，也會利益到地球的所有人類，因爲我們就是生命。」**

對周圍單純付出的仁慈，就是人生轉化最大的能量，它會增加我們的力量，不傷害周遭的人事物。**我們吸引到的就是自己發出去的東西，且結果可能會以意外的方式來臨。**比如我天天日行一善，在環遊世界的時候便遇到很多天使陌生人的一路幫忙，讓我旅途平安。

事實上，我們的意識改變也會提升自身的能量。

## 開啟你的利他戶頭

很多人對於未來的恐懼，往往來自於自我欺騙，想成爲別人期望的自己。然而眞實的展現自己，才是療癒生命最關鍵的解答。

在不影響身心靈平衡的狀況下幫助別人，就是幫助自己與世界。

而這其實是有科學根據的。我常常戲稱宇宙讓我們每個人天生都有一個「利他戶頭」，只是多數人沒有覺察到，所以也無法自由運用。

無法心想事成，或許就是因爲你的利他戶頭「存款不足」或「赤字」，因此希望透過這本書讓大家擁有更豐盛的利他戶頭。

在寫這本書的時候，我們的世界與地球發生了很多事情。國際知名球星墜機意外離世、澳洲大火導致太多動物瀕臨絕種無家可歸、土耳其強震，還有新冠肺炎等傳染疾病……太多事情了，多數人都過著恐懼與心靈匱乏的生活，因此都在以某種形式追求著安全感。

而少部分人滿足欲望、獲得成功，走在自我實現的路上，卻也一直停留在驕傲或比較的競爭階段等級。

大家都不容易，但我想語言跟文字是有能量的，意識也是。人的意識能量要達到某種程度以上，才可能意識到進化之路，開始正面思考。

我常說：「世界反映了你內心的平靜。你覺得世界是怎樣，你的內心就是怎樣。」

因此我想做一些能夠提升整體意識頻率的事情。在我還在地球的一天，持續利他，是這本書出版的真正初心。

在未來的AI時代，多數人已經不再需要工作，因此找到「我是誰」更加無比重要；而高頻率的人可以更快適應快速轉變的世界。希望這本書也可以為「我是誰」這個人生大哉問，帶來一些靈感與啓發。

這是我最想出版、公開的部分，也感謝這本書誕生的牽線貴人佳誼，還有專案企畫眞眞與出版社的成全。

每年我都會發起一百小時的新人生專案，今年在盡可能不影響自己與打擾別人之下，寫了這本以利他為出發點的書，裡頭包含我超過十年、除了日行一善外的身心靈實作經驗。

這本書解釋了我所看到，但很多人還不能理解的靈性世界。

如果書中某些片段讓你有：「啊哈，沒錯就是這樣！」那麼，這就是這本書存在的意義。

我希望這本書能讓你感受內心寧靜的自我滿足感與心流狀態的幸福，也希望這本書可以遇到更多有緣的利他者。

# 第一章

# 利他的能量

# 自我存在的覺醒

我從國小就開始問自己：「我是誰？」問到曾經想跳樓、想自殺。環遊世界的旅程中，在撒哈拉沙漠夜宿時看著滿天星空，「我是誰？」「我眞的存在嗎？」我突然很恐慌並感到空虛、失落。

對於未知的「我是否存在」的恐懼，有些人可能會透過工作、感情、購物來逃避這樣的靈性自覺，而我呢？我也是，透過讓自己「看起來更好」「幫助別人解決問題」，來逃避面對自我存在的靈性覺察。

一直逞強、逼迫自己的我，終於在二〇一五年寒流來襲的某天，感情、事業皆遇到瓶頸而忍不住崩潰大哭。我氣自己：「爲什麼我解決了那麼多粉絲跟聽衆的問題，學了那麼多，卻依然過不好自己的人生？」

當時沒有特別信仰的我，突然閃過一個念頭：「如果眞的有神呢？」我祈求神來幫助我，邊哭邊吶喊著：「神啊，天使啊，如果祢眞的存在的話，請告訴我。爲什麼我不是壞人、也沒有傷害別人，要讓我那麼無助跟心累？我到底爲了什麼而活？我爲什麼越努力反而越辛苦？祢們出現讓我看看啊！」在那個很中二、自憐自艾，想自我結束的夜晚，我忍不住對著空蕩蕩的房間咆哮，不知不覺帶著淚痕睡著。

那晚在夢境中，我看到一片繽紛璀璨的七彩花園，我直覺這就是天堂的花園，絢爛的白光使我睜不開眼睛。有一位身高超過兩百公分的守護天使，逆光走過來擁抱了我，我的心痛、顫抖停止了。

過去的痛苦被溫暖與充滿愛的能量包圍，我覺得自己被融化在那個能量中，這是超乎言語所能形容的寧靜與幸福狀態。我感受不到「自我」，在那充滿溫暖的能量中，我忘掉自己與環境的存在。我就是世界，世界與我是一體的，我感受到宇宙給我的光與愛，那一瞬間我覺得有千萬年。我忍不住在守護天使的懷抱裡大哭：「爲什麼祢們放我一個人？」守護天使沒說任何話，但我可以感到祂跟我說：「親愛的，不論妳要做什麼，我們都支持妳。」

經過這次神奇的靈性體驗後，我看到的世界維度開始跟別人不同，很多人認爲的「現實」，在我看來只是暫時的「眞實」。這或許可以解釋爲我後來提供網路訂閱服務的原因，當時我想創辦一個聚會的念頭已經萌芽：這聚會是具有心靈力與影響力的小社團，我想支持更多有緣相遇的人，活出自己的人生。

## 放下我執，開始利他

**過去的我已經不在，只剩「當下」的我**。大約有半年以上，我一直保持這樣的穩定心流狀態，沒有小我的意志，被溫和的意識指引前進。

我很自然的知道人生怎麼從 0 到 1 砍掉重練，不需要思考「怎麼做到」，而是自然就走到了現在。我再也不想「更好」，也不再焦慮、恐懼的過著每一天。名聲、成功等名利，對我來說已經毫無意義，我發現自己比童年更加敏銳，除了氣場外還可以覺察許多人性格之下的實相，尤其是「我執」導致的意外與疾病。

在世俗「精心設計」的扭曲價值觀下，我發現很多道德標準變成了壓榨多數人生命能量的合理工具。比如說，很多上班族會不自覺的認爲自己不值得擁有更好的，甚至覺得目前的生活方式是理所當然。

多數人都被傳統的想法洗腦而不自覺：似乎生活得過得越悲慘，才值得擁有更好的獎賞。我看到有些人習慣把痛苦變成愉悅，或者可以說是受苦並陶醉於「受害者」的輪迴。

很多問題與疾病，以及情緒的根源就隱藏在人們相信「就是這樣」的我執中，但那其實並非眞實的世界。

來找我的多數客戶，苦惱於不知道自己到底是誰，我希望透過「利他」可以告訴你這個答案，因爲這太重要了。但很多人弄錯了人生來到地球的旅途，我自己也還在學習的路上。

現在的環境充滿壓力，一天二十四小時不斷洗腦的資訊圍繞四周，很多人對經濟充滿不安，對於AI即將取代人類感到恐懼。我也曾經覺得快承受不住，用飲食、飲酒過量，用娛樂、過度的購物消費來逃避壓力。在我無法跟自己有更深層的連結時，對於自己的自我批判與負面態度，導致自律神經失調。

當時負面的態度與能量蒙蔽了我，後來才透過利他的能量讓人生轉向。靈性提升的過程中，我的思想與情緒也隨著頻率的轉換而開始改變。

社會充滿了許多匱乏的頻率（相信必須透過競爭才有足夠的一切）、受害者情結（相信自己被控制或是因爲不快樂責備別人），還有不誠實、欺騙、憤怒、暴力等，很多人根本無法對自己說實話。但如果無法老實面對自己，是無法產生力量的，這也是我想寫這本書的契機之一。因為我知道透過利他、靜心、祈禱、療癒、分享與愛的表達，能夠提升我們在地球的頻率。

## 給予之後的生命禮物

**利他是一種帶著覺察的行動**，能轉換心靈思考，透過接觸不同的人，注意到自我意識深處具啓發性的想法與觀點。透過利他學習到的事物，能將我們的想法與點燃一切的愛連在一起。

「梅塔，到底怎樣才可以像妳一樣，做自己喜歡的事情又可以收入高於多數上班族？」

「有沒有辦法幫助別人，但是自己也過得不錯？」

「梅塔，我覺得很不可思議的是，以我們專業工程師的角度來看，妳就是個沒有『專業』的人，爲何妳可以持續獲利，到底憑什麼？眞的很好奇啊！」

以上是讀者或網友常問我的問題，很多人覺得我到底「憑什麼」可以獲得自己想要的生活。

也因爲我發生過很多不可思議的事情，讓很多人覺得我特別好運，包括十分鐘內幫朋友賣掉出版社、免費入住百坪豪宅、意外開公司、到現在超過三年都獲利……

在這本書裡，我想跟大家分享如果透過利他送出生命禮物後，就會收到世界給我們的禮物，其中之一就是財富。

當然我知道此時此刻，很多人持續貶損自我而不自覺。

很多人恐懼未知，所以覺得必須「競爭」各種資源，但他們的靈性卻不快樂。

舊世界的教育或職場，告訴我們必須透過競爭來證明自己「比較好」，才能夠體驗富足，包含金錢、愛情還有其他事物的豐盛。

但這正是阻礙人創造想要的生活最大的阻力，創造想要的生活跟競爭毫無相關，我反而看到很多人因爲競爭而焦慮、沮喪。

「我必須去爭奪與競爭，證明自己比別人好，否則就沒有人愛我了。」熱愛競爭的人曲解了自己和宇宙的關係，焦慮跟競爭的匱乏感只會吸引到擔心和害怕的事情。

其實，金錢不只是某個「從外面賺回來」的東西，也是必須眞心覺得值得的東西。**當你活出自己，表達眞實的自我，所需要的一切豐盛就會帶你找到通往的路。你將擁有需要的一切。**

## 商業行為才是真正的公益

我問過一些富二代同學，爲什麼他們已經非常富有了，卻仍然覺得「不夠」，甚至跟我說，自己需要「更好」才能夠開始做善事。我感到納悶，因爲**日行一善是可以馬上開始的事情**。

多數人都有溫暖的家或空間，避免在寒風中受凍，但我相信包括我自己、應該很少人列出感謝清單，感謝擁有的一切。甚至很少人把重心放在已經擁有的東西上，總希望自己擁有更多，抱怨怎麼還沒得到想要的。

如果你總覺得自己要更好才能開始去做某件事、或擁有某種資格，這種匱乏感會讓你永遠不滿，哪怕物質經濟已經十分充足。

如果每天都可以感謝自己擁有的一切，被豐盛圍繞後開始利他；**你越付出，擁有的會越多**。

眞有那麼神奇嗎？是的，以靈性角度來說，我們都是一體的，起心動念的力量眞的很不可思議。

錢，其實是種能量，**當我們今天透過利他，而不是利用任何人，你就會獲得適合自己的金錢**。

如果你總是喜歡免費凹別人，別人也會喜歡免費使用你。

有些事情我願意無償去做（比如透過網路日行一善的法布施），那是因爲我覺得這是對的事情，也是我熱中投入的事。而有些事情我會收費，因爲在不同狀況下，適當的金錢交換才是公平的能量互換。但金錢不該是我們做任何事情的原因，特別是在沒有眞誠與愛的狀況下。

我在很多人身上看到持續累積金錢卻又不願付出，導致金錢能量不平衡的狀況。

錢可以滋養製造者並持續創造，讓我們得到更多生活上的樂趣（購買商品與體驗），這就是金錢的平衡。

愛免費凹人以及占人便宜、無法利他的人，往往與愛分離，因爲他們看不見萬物相連，所以才用這種行爲索取愛與能量。對於免費的事物，請有需要再索取，並抱持感謝，讓這樣的能量循環。

**付錢才是眞正的豐盛，代表你珍惜對方的能量，也珍惜自己付出的時間**。如果不懂得珍惜自己，別人又如何尊重你呢？

若要長久的利他，商業才是眞正的公益，它讓社會公衆的福祉與利益得以滋養。

錢本應是拿來使用，而非占有，也不是緊抓與掠奪。不買東西不會讓你更有錢，但是錢太多不一定就好，保持自身與金錢的平衡，就是你跟世界良善的循環關係。

正確的使用金錢，讓錢發揮眞正的價値，用它們來利他回饋與感謝。

## 你不需要很有錢就可以開始利他

利他不需要有錢到某種程度，或者厲害到有一定的頭銜或社會地位，才能夠做這件事情。

帶著愛的利他，投入公益、非營利以及正當事業，等於活出自己內在的神性，你會擁有一切本來就適合你的東西。

利他，不是透過幫助別人助長自我優越感，或是施捨；而是幫助更多人擁有善的力量與循環，重要的不是索取。透過利他的能量，我們可以去完成更大的善；祝福每一分錢，透過利他來的錢也會祝福你。

如果你對利他的做法沒有頭緒，可以嘗試以下三種方法。

**財布施**：以財物救濟貧苦或生病等需要金錢的人。

**法布施**：在工作或生活中分享真理、智慧。勸人日行一善、善斷惡，幫助他人明白生命的意義與價值。

**無畏布施**：透過信心的建立，用愛心與關懷幫助別人解除內心的恐懼。

我持續進行的法布施，是從雅虎奇摩知識家開始回答大家的問題，到臉書「一書一觀點」單元，每天直播一本自己實作的書，希望透過某本書的某個觀點，解決某人當下的問題。後來延伸出的社群訂閱服務，則是無畏布施的一種。

我每天持續在網路上日行一善的法布施，已經超過十年以上。

## 透過利他帶來超乎理解的奇蹟

如果現在開始每天日行一善，在不影響日常生活下利他，我們會變怎樣呢？

這本書雖然談利他，但我希望讓更多人投入靈性生活的自我療癒，幫助自己之餘也能協助周遭的人。

很多人覺得自己可以人定勝天，但這其實是受到自我覺察的心靈能量所驅使。而透過自我覺察的利他，可以更快發現這種能力。

生命中很多時刻都有共時性，奇蹟變成我生活日常的一部分，然後「我」消失了。

我在內在的寧靜中度過，我的思想更透澈。我按照宇宙的安排做事，或者你可以說我爲神所用。

很多人跟我說，在與我交談的過程感到特別寧靜，彷彿靈性開關被開啓，但其實「許維眞」或是「梅塔」從未存在過，他們只是整理了自己本來就知道的答案。

後來，我在很多人身上看到自己，包含喜歡的還有不喜歡的一面。

「我到底是怎麼進入這些人的氣場中？」在利他的過程中，我忍不住問自己。

如果這本書讓你看完也會忍不住說：「我一直都知道是這樣！」那麼，這本書遇到你就有意義了。沒錯，我就是想讓你也可以感覺到那不自覺的東西。希望你能夠在利他的過程覺察到痛苦、煩惱與失敗的根源，對內在靈性有所啓發。當我們理解到自己跟宇宙是一體的，就不會再給自己多餘的煩惱。

我大概在國小的時候，就發現學校或長輩教的「舊世界法則」，似乎跟我看到的新世界不太一樣。

不懂爲何很多大人看起來總是很忙碌，他們持續的催促自己，強迫自己努力，覺得如果不這樣做就會充滿罪惡感。

我在 TEDx 也分享過類似的觀點：爲什麼你總是希望自己「更好」「更認眞」「擁有更多」「更努力」？爲什麼你不接受現在的你「已經

很好」？（演講內容請參考以下 QR code）

我觀察到很多人認眞努力做事，是因爲無法跟自己好好和平相處，因爲他們無法接受活在當下、此時此刻的自己。

曾經我也是這樣，童年在佛寺的住持奶奶身上，看到有一小部分的人，透過非物質的專業幫助世界，跟奶奶類似的這些人透過靈性與細微的方式，對世界送出禮物。

在某些書籍的說法是，這些人來到地球就是爲了送禮物，他們天生擅長傳送療癒的想法與能量，進而改變環境的頻率。

我在奶奶與其他修行者身上，看到如何透過高頻率提升世界並提供服務，當我們眞實表達自我的同時也正在療癒自己與世界。我們的內心呈現出外在的世界，所以如何在利他的路上平衡，以及如何謙卑的愛人

TEDx TaipeiFuhsing
PrivateSchool
「以自媒體重新定義人生」

如己是一生的課題。

多數人在職場不快樂的原因，是因爲他們無法從事與眞實興趣相符的工作。

「怎麼可能像妳一樣，一邊做快樂的事情又可以賺錢幫別人？」「梅塔，我不相信可以創造自己想過的人生。」很多人覺得做自己不可能賺錢，但若是我們發揮熱情、創意，會發現很多美好的獲利方式，能同時利他又利己。

語言、想法，以及文字都是有能量的，而生命會回報我們一切。利他過程中培養的正面性、傾聽力，還有處在當下的自我覺察，都能讓我們成爲願意分享的人，這樣的利他能量是創造身心靈財富的靈性平衡基礎。

利他沒有所謂正確的方式，不像教科書有絕對的正確答案。

利他是：「**我願意以任何方式成爲宇宙希望我成爲的人，我願意看**

**到利他時，在別人身上看到自己需要改善的地方。我願意服務人類，請求神讓我的生命成爲療癒這世界的禮物。」**

於是，我們得到了自己的人生。我在利他的過程中感受到財富不會從其他地方而來，而是根據起心動念而來，一邊幫助別人一邊獲利的人生是可能的，因爲錢眞的會透過別人而來，不論你在什麼地方。我們只要做好自己該做的事情，宇宙就會以合適的方式把利他的善，循環回報給我們。

## 帶來愛與財富的利他能量

很多人很難眞心允許自己「快樂」。我以前總是擔心無法好好照顧周遭的人，曾經有很長一段時間困擾著：「爲什麼我可以解決別人的問題，卻無法好好過自己的人生？」

後來透過大量的靜心、祈禱，才意外覺察到在利他過程中，原來潛意識根本不允許自己擁有想要的東西。我總是希望自己「更好」，但是卻無法接受當下的我已經很好。

以前總是一邊希望自己快樂，但又一邊充滿批判的覺得自己太過貪心，可想而知，當時無法聆聽內心眞實渴望的我，除了無法面對自己，也沒有眞正活著的感覺。

利他跟金錢一樣，都是能量的一種。一邊幫助別人，一邊改善他人的問題，不只能提升自己，也能提升別人。如果大家看完這本書，可以用創造共好共利的方式去工作與投資，創造適合自己的生活方式，透過利他獲得生命中從未經驗過的轉換，那我們的相遇便因此有了意義。

每個人天生就擁有利他的本能與力量，不需要很有錢就能做到。相反的，透過利他，你可以幫助更多人擁有力量以及所嚮往的生活。

**我們每個人除了接受幫助，天生都有利他的欲望。**

有的人可能想透過利他找到自我肯定認同與歸屬感。如果透過正當的管道將欲望釋放出來，正當的欲望便能讓金錢能量正常顯化，這也是透過利他正確運用心智所帶來的金錢能量顯化。

我想讓大家知道，幫助別人利他的同時，獲得適合自己的金錢是可能的，而且是**永續的**。

因爲你讓自己的人生與天賦透過利他成爲世界的禮物，這樣的金錢能量不是壓榨世界資源或任何人的荷包，而是把無限帶進有限世界的一種表現。

我常說，如果想賺錢或者變成有錢人，就先從幫助公司、幫周遭人省錢、賺錢開始。

喜愛錢不會讓你變成自私或罪惡的人，除非你想拿走別人的錢，而不是想跟對方一起共同創造金錢。有些人可能因爲原生家庭教育或是宗教信仰，認爲喜愛金錢是貪婪、自私的行爲，甚至對金錢有仇視或是扭曲的價值觀，但其實金錢是很中性的工具。

很多人之所以幫助別人卻無法獲利，就是因爲在潛意識中不斷暗示與局限了吸引金錢的能力。需要錢卻又仇視它，錢怎麼可能會靠近你呢？

當你放下對金錢的罪惡感，透過利他付出努力，得到金錢作爲報酬，便會明白透過利他，你可以得到應有的一切。

某些時候透過利他而來的金錢，也是愛的能量呈現。

因爲我們本來就應該透過金錢好好照顧自己，有能力之餘也照顧周遭的人。當我們帶著愛利他，就是推動自己的神性力量。

你之所以擁有利他的力量，並不是因爲有錢，而是透過利他帶來的錢，讓你可以幫助更多人得到力量。當你今天放下內心的匱乏感，不再透過比較、競爭思維，不只是想掠取對方的資源，而是透過宇宙、自己的能量，去完成更大的善，這樣利他的錢會充滿祝福，每一分錢都會祝福你。

我們吸引來的就是自己發送出去的，利他好比累積心想事成的銀行存款，只是這個帳戶我們無法自由取用。這樣的心靈能量會釋放回生命中，因爲宇宙「同類相吸」「物以類聚」。

在這個相互連結的世界裡，自己的進步也可以利益到其他人，**我們所付出的都會回歸到自己身上；我們就是能量，利人就是利己**。看不見的力量成就了神奇的事情。

希望這本書可以成爲提升你人生能量的祝福，並且讓周遭的人脈圈是互相給予的狀態。

# 第二章

# 利他新手村

# 利他就是利己

雖然前言已經提到會寫「利他」的主要想法，就是希望可以在有生之年透過文字，提升整體的能量與頻率。但我想更仔細的解釋一些真實動機。

我常開玩笑說，出來混遲早要還，我相信「神聖宇宙補償法則」（**你現在獲得的，都是過去你所給予的**），你給出去什麼就會獲得什麼。簡單來說就是你想要獲得什麼，就必須無私的先付出；想獲得愛，就必須無私的給予愛；想成爲有錢人，就必須先幫人賺錢，比如好好完成公司KPI、少抱怨……如果你的動機是嫉妒，是傷害，是見不得人好，那麼，這些惡意能量將會透過不同的方式回到自己身上。

我知道在充滿壓抑的世界，很多人無法說「眞話」，而說眞話確實很難。時間久了，習慣不誠實，漸漸的也會不知道自己的眞實動機是什麼。很多人嘴上說利他，其實只是想要獲得好處，無法單純的享受付出。但是，當你不能無私的利他，也就是說，若你在幫助別人的時候還是希望獲得報酬，最後這樣的利他會導致你失去某些東西（可能是別人對你的尊重或財損，甚至愛）。

舉例來說，假如A在今年發願日行一善，但是他的動機其實是希望B覺得自己很棒而愛上他，所以A會盡可能的讓B知道他是多麼善良美好的人。

而A便會因爲自私的動機，受到來自B的傷害（但B不自覺傷害了A）。

因爲A對利他的起心動念，是自私的想讓B愛上自己。A想得到愛而不是付出愛，看似無私熱心，其實是打著利他名義，行控制之實而不自覺。這在很多公益機構都很常見。

我建議大家在利他的過程，不要想改變對方。**很多人之所以有「我幫助別人，怎麼還是過得不好」的不平衡感，就是因爲他們不懂利他的起心動念，不該是「我想從對方身上得到什麼」，而是「你眞正想做的事情」**。當你誠實面對自己，單純的付出、給予，就能跳脫世俗的競爭世界法則。

利他最好心口如一，也就是，你想什麼、說什麼跟做什麼，都要同步一致。不誠實面對自己，會造成很多不必要的能量消耗。

很多人心口不一久了，長期自我欺騙，導致利他的動機跟行爲完全不一致，跟這樣的人相處會感受到巨大的矛盾與疲累。起心動念無比重要，你會成爲你想變成的自己，但是多數人爲什麼無法透過利他、祈禱、靜心等方式創造自己希望的人生？

因爲他們根本不知道自己是誰，也不知道自己要的是什麼，所以即使看似做了很多好事，但是卻過得不好。這類型的人，能量狀態也很容易遇到「靈性騙子」。

## 學習「自私」的利他

「那麼梅塔，妳呢？妳爲什麼要利他？」

一直以來，我是選擇性的「自私」利他，怎麼說呢？**我在日行一善的時候從不求回報，但是，我的付出也不會影響到目前的生活。**

舉例來說，我捐錢給一些慈善機構，不會在意他們要給我多少報酬或是獎項。

拿我最常透過網路日行一善的法布施來說吧。因爲自我探索以及認識自己的人生旅程實在太過孤單與辛苦，在透過不同書籍實作與內化以後，我感受到許多外界資訊實在太表面。在找到自己活在地球的意義之前，我可以理解那種說不出的無助與痛苦。

「若是透過書籍實作能摸索出自己的人生，我發願要透過做得到的形式，無私的利他，幫助更多人活出適合自己的人生。」這就是我當初利他的起心動念。

而我一直記得利他的初衷，所以在二〇一五年個人臉書意外獲得藍勾勾以後，就開始每天有空分享一本可以解決人生問題的書。就算我的直播影片或這本書只有三個人看，若這三個人再去幫助其他人，我想未來就會是更好的世界。

如果每個人都有這樣的利他動機，當我們在面對人生問題找不到出口的時候，搞不好就有一個這樣的人出現在生命中，用他在我身上學到的知識去幫助更多人。善的循環不是很棒嗎？

當然，這樣的利他的確帶著私心，因爲我自私的希望地球是充滿愛的環境。

這也是爲什麼在經營自媒體上，我總是鼓勵大家持續去分享，就算很多人沒有自信、覺得自己「憑什麼」，但是，你一定有什麼是別人不會的，不管那個智慧是什麼，我都很樂意跟你交流，你也一定會遇到需要你傳承智慧的人。

我在提供社群訂閱服務的過程，或是受邀去公益機構演講時，發現很多人都在忙著處理別人的問題，小孩、伴侶、公司、客戶等。我們逃避思考自己的存在價值，很多人不懂得面對自己的問題，因爲解決別人的問題比較輕鬆，所以在以他人爲中心的世界裡，很容易忽略自己的重要性。

很多人覺得的「問題」，其實有時候可能根本不是問題。

比如我以前會覺得：「我這樣主動幫忙，他居然不感謝我，到底是怎樣？」但其實，不管對方是否願意接受我們的幫助或建議，都是他們自己的選擇。好比我們出自於愛，送禮物給對方，但也必須理解對方有拒絕接受的選擇。

在利己利他的過程中，我漸漸理解到每個人的人生課題與目的不同，我們沒有立場去評斷他人的對錯與好壞。我們的價值觀不見得適合別人。我們所覺得的好與壞，不該用來評斷他人。

同樣的，利他時也會遇到批判，但若你不覺得那是問題，這問題就不是你該在意的事，可能是對方自己的人生課題。

眞正的法布施、無畏布施，是要尊重對方選擇留在你的生命中或離開。如果希望別人尊重你，也應該如此尊重別人。

還有，如果在利他的過程中，常常出現讓你抓狂的特定情況，這個阻礙可能就是你該去面對與改變的人生課題。

其實很多人都知道自己的人生問題是什麼，只是我們喜歡透過幫助別人來再度認知，因爲我們在逃避面對自己。舉例來說，在我天天直播分享實作書籍觀點進行法布施的時候，其實希望所有人都喜歡我，所以當遇到看我不順眼的黑粉，他們的出現只是在提醒我：

如果無法肯定自己，總是討好別人、尋求外在的眼光，連我都無法眞心喜歡自己，要如何幫助別人呢？

在我放下羨慕的念想，開始花時間跟自己相處，學習感激自己的存在並肯定自我價值之後，突然理解這世上所有的人事物都是互相連結；**看似讓你不舒服的人事物，其實是開啓新世界大門的按鈕。**

## 利他也要保護自己的氣場

「梅塔，我好喜歡跟妳聊天喔，每次聊天後我都覺得好有能量，我好喜歡跟妳在一起。」

「是嗎？我可是累死了……」

我有段時間處於「修女型」（請見第三章），不懂如何保護自己的氣場，總是給對方過多的療癒能量，不清楚自己的界線。可想而知，當時的我遇到很多能量吸血鬼，受到外在情緒與能量影響，甚至影響到健康。一直到現在我還是會不自覺承受外在的情緒與能量，畢竟透過分享情緒來找到彼此共通的連結是人的本能之一。

也因此有些比較敏感的人，很容易不自覺接受別人的能量與感覺。我是佛寺住持的孫女，可能很多人以爲我看得到所謂的「魂」與「鬼」，但小時候我就拒絕擔任靈媒的角色，奶奶自己蓋的佛寺也跟一般宮廟不同，不提供「祭改」等相關服務。

生而爲人已經很忙、很多課題了，我只能在某些片段看到某些人的未來。小時候也發現，並非每個人都能看得到氣場。

我察覺到金錢、人際關係或是工作上有狀況的人，往往有幾個特定的脈輪非常阻塞。

如果身體充滿很多「氣結」，像是不信任自我、持續批判自己的人，通常氣場會攻擊別人的光束（但他們往往不自覺）。

以前不會保護自己的能量場時，往往會被這種能量攻擊者或是能量吸血鬼搞得快被掏空，並感到善良的人眞是苦不堪言、CP值很低。這也是我想寫這本書的原因，因爲我希望大家都可以當個愛自己、好好保護自己的好人。

## 先累積經驗值，再去幫助別人

「我永遠都不可能成功。」

「爲什麼我這麼可憐？」

「爲什麼在我身上老是發生很不好的事情？」

在幫助別人的過程，你一定會遇到這種透過裝可憐博取資源與同情的個案，當然也有可能是他自己太過投入與習慣受害者情結而不自覺。

你知道嗎？語言跟想法都是有能量的，你會成爲你所想的自己。很多人因爲原生家庭或者不自覺的自我設限，導致他們不允許自己擁有眞心想要的幸福。這類型的人會有「我永遠那麼慘」或是「來到人世間就是要受苦」的念想而不自覺，所以持續抱怨。思想的力量是很大的，很多人的生活都是自己想出來的。

這種總是詛咒自己，或是見不得別人好的人，他們不懂得平衡自己的能量，甚至我們在幫助這些人時，還容易被他們的負面想法所影響感到疲累。曾經我就是因爲不懂如何保護自己的能量場，導致遭受這類型人投射出來的負面能量干擾，讓我利他不順，甚至引發出更多不順利的狀況（比如感冒、跌倒等）。

所以，如果你的思想與自我覺察的能量無法大過這類型的人，建議利他新手村的寶寶先去累積經驗，再來挑戰這個魔王關卡。

話說回來，詛咒自我的人也十分令人心疼。因爲當你討厭一個人，其實就是允許他在你腦中免費久住，這不是一個很矛盾的行爲嗎？既然討厭他，又爲何要一直想起他而折磨自己呢？

自我厭惡、自我詛咒的人也是一樣，根本不用去批判自己，而要接受當下完整的自己。

## 利他無須宗教，自己就是平臺

並非特別針對某個宗教，我覺得很多宗教立意都是勸人向善，是很好的。但爲何我奶奶蓋了佛寺，在她往生後卻沒有人傳承，並且家人還將佛寺賣掉改建成工廠呢？

這段往事我沒有在公開場合說過，雖然小時候我協助奶奶幫助信徒解決人生問題，但同時也看到很多人創立自己的宗教或自立一派，靈性卻停止成長（包括我奶奶也是）。

當這類教主或師父相信自己懂得比別人多，開始出現「我慢」的自我優越感時，就會停止鑽研與學習。很多教主不斷向大家宣揚自己相信的眞理，但只要是人，就有不同的觀點和角度。我看到許多眞理被以宗教之名包裝，信徒從來不質疑也不研究的盲從，甚至對於不認同自己教義的人，攻擊對方是惡魔、迷失的靈魂等。

綜觀歷史，很多打著宗教名義的戰爭，最終僅圖利少數人。會造成對立，往往是因爲當人遇到自己的價值被貶低時，總忍不住想證明對方是錯的，於是衝突就開始了。

我看到很多公衆人物或一些KOL，可能自己只知道一點點，卻因自我優越感，覺得自己最特別、懂得比別人多。曾經我也是，但在這幾年利他過程中，越來越知道自己有多平凡，學得越多懂得越少。

我覺得宗教是啓發靈性很好的信仰，我很幸運從小跟在住持奶奶身邊，自然而然接受無形的世界，與肉眼看不見的能量連結。很多人在認識宗教之前，常迷失、沒有方向感，感覺自己被世界孤立。而宗教可以使人與人連結在一起，讓我們感覺彼此不僅是一體，同時理解個體存在的差異性。

許多宗教的出發點都是良善的，人們可以透過信仰理解自己內在的神性，跟周遭與世界和平相處，而不是充滿階級、上對下的權力關係。不論信仰什麼宗教，我們都是一體的。當我們獲得的時候，也要學習付出。

找一個能讓你舒服自在，能夠與你連結，產生共鳴、歸屬感的宗教。宗教只是一個讓我們可以跟自我靈魂連結，給自己安全感的媒介。

這世界有很多言語無法描述的事情，也希望這本書可以帶給你一些感覺並啓發靈感。

## 活出人生的原廠設定

世界上有很多溝通方式，不止語言，特別是當你感覺強烈到沒有適合的文字可以形容的時候。

這種狀態就是在利他或是專注心流時，出現在生活中的片段。而我想跟你分享這樣的感受。

在利他的過程，我們可以從不同人的生命痛苦與挑戰中獲得成長。我們能藉著在利他遇到的種種困難與挑戰，練習克服人生課題，你會越來越清楚自己的優缺點，發現自己與他人的人生功課。

過程中遇到的挑戰是爲了幫助我們成長，而不是用來定義或是束縛我們。

我在利他時自我覺察到的是「愛自己」；如果無法好好活出眞實的自己，也無法持續的利他或愛別人。如果你跟我一樣，曾經在利他或是人際關係中受過傷，那代表還有需要學習的課題。

我覺得利他是練習克服人生課題很好的功課，有點類似心靈上的肌肉重訓概念。

我很喜歡作家偉恩·戴爾說過的一句話：「當你改變自己看待這世界的方式，你所看待的世界就會因此改變。」

我相信意念會創造出實相，在即將進入越來越多人懂得自我覺知的新世代，與其讓自己活在充滿恐懼的自我暗示，不如每天都投入一點善念，相信世界會向善發展。

我可以跟你保證一件事情：**幫助別人就是幫助自己**。如果你想要活出人生的原廠設定，以及找到成為眞實自己的動機，帶著這樣的起心動念利他，漸漸就會吸引適合自己的好事發生。

你會活出你所想的自己，並且體驗心靈平靜的幸福。

## 活化自己的脈輪

除了利他就是利己之外，我常說「自己就是最好的風水」，花錢去改運不如多幫助別人、活化自己的「脈輪」。練習瑜伽的人對「脈輪」這個詞應該不陌生，因爲我不是這領域的專家，且脈輪也存在多種說法，在此用a、b、c、d、e、f、g這七個代號來說明。

脈輪在我看來是人類跟宇宙的連結。

脈輪是人體能量的中心，主要影響人的身心狀態。位於身體底部的a、b、c脈輪，主要主導身體的本能（健康、金錢、情緒等），身體頂端附近的脈輪，則影響思想。

在理想狀態下，所有脈輪都會對我們的情緒和感覺發揮正面影響。但實際上，通常部分脈輪會不夠活躍，以致無法發揮作用。也有部分脈輪過度活躍。

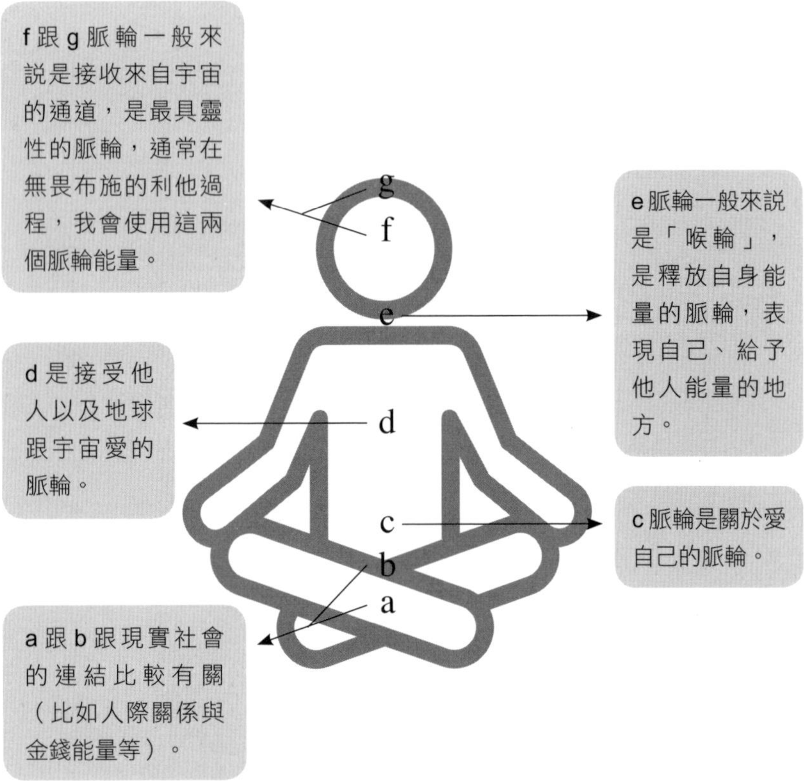
f 跟 g 脈輪一般來說是接收來自宇宙的通道，是最具靈性的脈輪，通常在無畏布施的利他過程，我會使用這兩個脈輪能量。
g
f
e
e 脈輪一般來說是「喉輪」，是釋放自身能量的脈輪，表現自己、給予他人能量的地方。
d 是接受他人以及地球跟宇宙愛的脈輪。
d
c
c 脈輪是關於愛自己的脈輪。
b
a
a 跟 b 跟現實社會的連結比較有關（比如人際關係與金錢能量等）。

如果 a 跟 b 地基不穩固，就像蓋房子一樣不會堅固，有些人甚至需要花幾年的時間，才能察覺 a、b 脈輪並淨化。

d、e、f、g 這四個脈輪如果平衡活性開啟，對於看不見的世界與能量感受會大幅提升。在利他的過程中，也可以幫助人覺察自己的人生盲點。

多數人的某幾個脈輪會過度活躍，而這些活躍的脈輪本身能量剛好用於補充其他不活躍的脈輪。目前有許多開發脈輪能量的方法，很多人會希望打開全部的脈輪，但我並不建議。

如果希望開啓脈輪能量，建議先開啓海底輪，淨化此區就好。之後，再由下往上逐漸開啓（打地基的概念）。

**a脈輪：加速心想事成。**

a脈輪有點類似玩線上遊戲時的「血條」，也可以解釋成生命值的概念。

很多人問我：「梅塔爲什麼可以如此有『行動力』？」這部分的能量暢通的話，執行力就會很高。我在受歡迎或有人氣的公衆人物身上，也能感受到他們a脈輪的強大能量。

我提升a脈輪能量的方式是「赤腳接地氣」（請參考第五章）。

我每年至少赤腳接地氣一百天以上。除了這個方式，瑜伽及按摩腳也有一定程度幫助此脈輪的能量。

如果要幫助別人又不想被對方能量場影響而感到疲累，一定要一週花幾天淨化 a 脈輪。心靈也要洗澡，你都天天洗澡了，心靈也需要。另外，身體的健康狀況或容易疲累的睡眠問題，也跟此脈輪有關。

**★搭配練習：赤腳接地氣。**

**b 脈輪：左右心想事成的速度。**

b 脈輪能量活躍的人，往往實現願望的速度非常快。這也是爲什麼我可以快速幫客戶解決問題，包括曾經十分鐘內幫客戶賣掉出版社。

此脈輪位於肚臍附近，也稱爲臍輪。一般氣場強大的人，或是在創作領域可以產生專注心流狀態的人，此脈輪都非常活躍。

淨化 b 脈輪可以保護氣場，讓自己自動遠離氣場不好的人事物。

如果想淨化此脈輪，可以學習腹式呼吸與靜心。

**★搭配練習：台灣內觀中心學呼吸。**

**c 脈輪：不受環境與人影響，充滿愛與療癒。**

幫助別人但自己心總是很累的利他者，通常這脈輪是卡住的。如果你常覺得幫助別人時很累、有被掏空的感覺，建議多觀照這邊的能量。

聽淨化音樂或者做自己喜歡的事情，比如閱讀、運動等，能使這邊的能量運轉良好。

很多人無法心想事成，就是因爲帶著恐懼去許願。同樣的，許多善良的人也會帶著恐懼去行善與愛人。

如果你看到讓自己心情不好的負面與恐懼資料，請先暫停接觸這些人事物。

做沒有獲利的事情時，一定要先讓自己開心才能長久，對吧？人生就是要開心。

如果帶著負面、焦慮的方式去幫助人，比如與人群接觸會讓你有壓力的話，可以改爲協助毛小孩或是幫助孩童，或單純捐錢、捐物資都好。

**★搭配練習：每天擁有取悅自己的開心時光。**

**d 脈輪：同理他人的共感能量。**

活化此區脈輪請先愛自己，而愛自己首先要從無條件的接受自己開始。很多善良的人在利他過程受阻，都是因爲這邊的能量不平衡，我們很容易以爲自己是在幫助別人，但其實給的不是對方眞正需要的。

而且，很多 d 脈輪不活躍的人，都是因爲潛意識中無法接受本來的自己，也無法好好拜託別人、適當依賴與信任世界，才會想從事公益幫助他人。也就是說，覺得自己「不值得」，所以必須透過利他來證明自己的價值。

無法相信自己的人，也無法眞正利他或是無私的愛別人。眞正的愛是放下我執，原諒與理解、同理別人。

眞正的轉變則是從希望自己「更好」，到接受「當下的自己就很好」的狀態。

**★搭配練習：請見參考書目《鏡子練習》。**

e **脈輪：才氣與人脈的關鍵**。

此脈輪區比較特別的是，在五感中是唯一輸出的區域，也是唯一給予的脈輪。對我們這一代來說，不需要再像以前那樣做體力活，或者一定要競爭輸贏，相對的可以持續給予的人，會越來越重要。

一般來說，創造領域的自營者、soho 族、藝術家、創作者、人氣講者與直播主，此區的溝通脈輪還有b脈輪都很活躍。此區活躍的人也很受同性歡迎。跟b脈輪的差異爲，此區能透過創作或自媒體表現眞實的自我，可以邂逅良好的緣分。e脈輪活躍的人往往不需要跟人合作，就可以完成獨立性高的創作活動。

如果要強化此區脈輪的能量，可以投入自我表現的領域，比如經營自媒體、寫作、繪畫、打扮、程式設計、唱歌等。

e脈輪活躍的人對於人生自我滿足感相對高，這樣的人也適合利他，特別是透過創作，療癒世界。

**★搭配練習：早睡早起，起床喝五百cc溫開水。**

**f脈輪：預知，靈感，速戰速決的判斷力。**

「梅塔，眞的如妳所說，後來我們這個合作破局了。」

「梅塔，妳怎麼知道要預先採購一整年的醫療口罩？」

「梅塔，我後來眞的身體健康狀況出問題……」

很多人訝異我可以說出他們沒說出口的事情，但人多少都有這種預知的能力，只是差別在於是否有所覺察。

我會說此區是「靈性脈輪」，又有人說是眉心輪。f 脈輪活化的人，具有看透未來的能力，以及透過氣場判斷未來：「這個人最近感情上有些麻煩」「這個人大概健康有很大的問題」。

簡單說，此脈輪活化的人，無需透過頭銜、學歷、家世等外在條件，就具備看穿人事物的本領。這種人若是三師或老闆，具備專業能力與經驗，就能廣泛運用智慧舉一反三、觸類旁通。

但我不太建議在可以平衡自身各大脈輪前開啓此區，因爲無法平衡會導致身體健康出問題，甚至有些人會有走火入魔的狀況。建議一般人先從每天淨化 a 與 b 脈輪開始就好。

**★搭配練習：請見參考書目《松果體的奇蹟》。**

## g 脈輪：高維度視角，靈性覺醒，無差別境界視角。

老實說，我不太建議尚未覺醒、無法自我覺察的人開發此脈輪，爲什麼呢？

我看過一些身心靈領域經營者的 f 跟 g 脈輪過度活化，但可能無法平衡 a、b、c、d、e 脈輪，導致他們因爲擁有靈性覺醒而變得過度自信，以致這些「大神」無法從「山頂」下來。其實有時候爬山不需要攻頂，爬到半山腰比較能過上幸福又快樂的生活。

靈性覺醒的人看世界的維度很不同，也擁有自己的世界觀。這種人往往可以從自己的世界看外面的世界，也擁有與常人不同的價值觀與時間流動，所以他們常活在自己的時區（比如跟人約會時常遲到）。

這類型的人氣場頻率不同，也能獲得多數人無法擁有的資訊，可以感受肉眼看不到的世界，對於靈性存在很敏感。他們知道在靈性與意識的世界中，大家其實是一樣的。

g脈輪活躍的人，會持續在利他領域幫助別人，也不會與人爭論，意識超越個人。

★搭配練習：請見參考書目《更豐盛：工作與財富的奇蹟課程》。

# 第三章

# 利他的人際界線

# 堅守底線的利他者

「梅塔，妳說得對，我真的不清楚自己是誰，也不知道自己到底是否真實的存在著。」

從我國中在知識家回答問題到現在，社群訂閱服務幫助破萬人解決感情問題，曾經不只一位有緣人跟我說過這樣的話。

事實上，小時候在佛寺幫住持奶奶協助信眾時，便發現多數人的人生困擾來自於人際關係，而人際關係有困擾的人，大多無法察覺自己的「底線」在哪裡。

由於我不是專業的心理醫生或諮商師，如果你有心理上的問題，又常覺得自己容易被占便宜或吃虧，你目前可能不太適合頻繁的日行一善與利他。

多尋求專業人士的諮詢及建議後，建立並理解自己的心理底線，再開始這本書的實作較佳。

同時，我也希望看完這本書的朋友可以變成**「有底線的利他者」**，而不是「無差別的利他者」。

不論是想要幫助人又保護自己，或者利他也利己，都建議要了解自己的底線，也要觀察別人的「線」在哪裡。根據不同的人事時地物，調節自己的底線很重要。

套用一句話，想在牌桌上待得久，得少輸為贏；要能夠長期的利他，請先好好照顧自己。而照顧好自己最重要的基本，便是了解自己、知道自己的底線。

## 阻礙利他的角色

如果把地球當成一個闖關的關卡，每個來到地球的人，把人生當成一場角色扮演遊戲，那麼很多事情就會變得很好玩、很有趣。

玩遊戲的朋友可能都知道，角色扮演遊戲是一種遊戲類型。玩家在虛構的世界中扮演某個角色，並在遊戲規則下透過一些行動使劇情有所發展。玩家的成功與失敗，取決於規則或行動方針的系統。

很多人的人生問題往往是人際關係，無法認清自己與他人的界線，有人甚至不知道自己的底線，一直讓別人踩線，持續痛苦而不自覺。

這部分我想把人生以遊戲化的方式呈現，請各位想像每個人都是來到地球遊戲的「利他者」，當我們在地球持續累積到一定程度的「利他陰德值」時，就可以獲得需要的配備與寶物。

多數人在利他的人生遊戲中充滿沮喪與不順利，除了無法累積「陰德值」去獲得心想事成的寶物，還充滿很多不開心的情緒。這都是因爲利他新手村的朋友，無法認清自己適合從財布施、法布施，或無畏布施入門。

更多時候，想幫助人的利他者會被某些角色困住，就像遊戲一開始打怪不順利。左頁是我從二〇一六年開始提供社群訂閱服務累積超過三百位以上的客戶身上，幫大家整理出來的「角色」。目前的你可能也處於類似的角色狀態；也可能同一個人會在不同的時間經歷四種角色；當然還有人在某階段是處於一到兩個以上角色的綜合，比如堡主型容易跟法師型融合，而修女型容易跟僧侶型綜合。

以下就是利他者在地球的遊戲關卡中需要注意的四大角色。

| | |
|---|---|
| 堡主型 | 只看自己，自我中心。無法接受否定與批評。口頭禪：「我其實是想幫你」「我真的是為你好，很擔心你」「我這樣做還不是為了大家好」。 |
| 修女型 | 無私奉獻，關愛大家。<br>地獄都是這種人的善意所構成。 |
| 僧侶型 | 害怕衝突，不懂拒絕與表達自我。<br>牆頭草，沒有主觀意識。 |
| 法師型 | 曾經受到傷害，害怕再度受傷而過度劃清界線。<br>不信任他人，偏執。 |

**堡主型**：「我其實是想幫你」「我真的是為你好，很擔心你」「我這樣做還不是為了大家好」是這類型人的口頭禪。但這種人往往只看到自己，非常自我中心，無法接受別人的否定與批評，也無法接受他人的拒絕。他們習慣利用修女型跟僧侶型的人設弱點，去支配與利用他人，在人際關係中只有垂直的「階級」，因此無法與人建立長久平等的水平、雙贏正向互動關係。一旦你沒有利用價值或是無法被利用，他們會再去尋找新的目標。

**修女型**：總是無私奉獻，關愛大家。但這類型的人在家庭或伴侶關係中，只會讓對方依賴自己，容易養成軟爛人或媽寶，「地獄」往往都是這種人的善意所構成。

**僧侶型**：害怕與人發生衝突，容易沒有自我主觀意見，像牆頭草不懂得拒絕或是表達自我，甚至不知道自己的想法、情緒、身體感覺與愛好。如果七到十四歲的家庭環境，無法讓人好好表達自我感受，長大就容易自我分化不清，演變成這種性格。

**法師型**：之前可能是僧侶型或修女型，或是在職場、感情上曾經受過傷害，因此在人際關係中總有一朝被蛇咬十年怕草繩的高度危機感。害怕再度受傷而過度與人劃清界線跟保持距離。不信任他人，很難建立親密感是他們的關鍵問題。這類型的人比較容易在利他過程中產生過度偏執的狀況，比如：「哼，這個公益機構居然沒有好好使用我的捐款，太過分了！天下烏鴉一般黑，以後再也不捐款了！」

## 保持健康的同理心

儈侶型跟修女型的人往往會有同理心太過氾濫的問題，因為他們不清楚自己的底線，所以容易讓別人持續踩線。這類型的人也不太清楚別人的界線，特別是親密的家人與伴侶，他們往往會把對方的痛苦與壓力加諸在自己身上（將天下視為己任的辛苦人格）。

甚至，有的修女型不只情緒會受環境影響，連身體都會感到痛苦，強烈的情緒會連動這兩種人更費盡心思投入在幫助別人的公益領域。因為太過共感，而說出「請加油，活著是很美好的，你要努力」「你這樣不對，自殺是對不起父母的行為」等企圖以道德綁架的話語，或是送對方不需要的禮物，造成他人困擾而不自覺。

但是這兩種人不了解自己跟他人是不同的，不懂得劃分自己與他人的界線，某些程度來說，跟堡主型及法師型很像，太過自我中心思考。

這四種類型的人都會糾結於「誰對誰錯」，但有時候爭輸贏或是論對錯，對於解決人生問題一點幫助也沒有。

利他時要能夠理解對方的心情，**在對方有意願的前提下共同解決問題，才是眞正的利他。**

健康的利他，應該是同理對方並且問對問題。

## 衝突後的自我覺察

人跟人相處一定會因爲價值觀與立場不同而產生衝突，包括說服、人身攻擊、打斷、順從、妥協、閃避、互助雙贏等。不論是否利他，我想多數人在人際關係中都很擔心發生衝突，但是身爲群居動物的我們，有可能不產生任何衝突與矛盾嗎？

說實話，不論是同事、親人或伴侶，越親密的關係，越會頻繁發生衝突。正所謂一家人才會吵吵鬧鬧，但爲什麼在利他的過程中也會遇到衝突呢？

首先，人是習慣性動物，當你想幫助對方改變的時候，不論是生活還是想法上的轉換，都要有心理準備遇見「本能抗拒轉變」的衝突。不僅是利他者與改變者的衝突，利他者跟改變者的內心也會產生一定程度的心靈衝擊。這跟肌肉重訓一樣，隨著時間與重複，可以強化衝突之後的復原力。

有段時間我一直在思考，爲什麼我們要體驗這些不舒服的情緒？

我是很容易被別人情緒影響的人，在利他的過程中跟不同類型的人接觸，讓我理解自己喜歡什麼、不喜歡什麼、什麼讓我感到快樂或傷心。特別是覺察到不耐煩與憤怒的人，我都會想是不是這類型的人要讓我學習怎樣的人生課題，所以我們才會相遇？是不是這類型的人會讓我想到自己不想面對的黑暗面？爲什麼接觸了某些人後，除了感到背部緊綳，還有人會讓我氣到膏肓穴位疼痛？

後來發現，我們對於情緒化的人有刻板印象的標籤，導致多數人長期壓抑情緒或是想要「管理」情緒，反而離認識自己的道路越來越遠。

透過老實面對自己的情緒，可以更清楚的面對自己。

在無法自我療癒的過程，我也曾相信自己這輩子都不可能快樂了。

我自憐自艾沒有童年，十年都在幫助爸媽照顧帕金森氏症的奶奶，直到有一天突然覺醒：「妳不覺得老是在重複過去幾年的痛苦嗎？」

「對誒，爲什麼我要允許自己活在不快樂當中？爲什麼我要讓痛苦的人事物免費住在大腦中？這太不划算了，又沒有收它房租！」

所以，不論正面或負面，我們都要擁抱自己眞實的情緒，透過體驗情緒去理解、發現眞正的自己。

如果你曾經跟我一樣經歷低潮，很悲傷、不快樂，請相信你絕對不會從今以後都是這樣了。

當下的情緒不是眞實的，你可以決定自己有怎樣的心情，而不是讓情緒主導你。

所以當情緒產生波動時，建議參考以下幾點，開始自我覺察。

**①花時間翻舊帳，並證明衝突產生的原因。**

「當初我都是照你的話才做了這些改變，是你害得我現在如此痛苦。」

利他者可能會遇到這種不願意爲自己的選擇負責，只想怪罪你的改變者。

事實上，不論利他者或改變者，只要有一方認爲全部的問題都在另一方身上，代表雙方都需要自我覺察怎麼會有這種想法。

特別是利他者，可能會有這樣的誤解，一廂情願覺得自己一直犧牲、退讓，但是接受幫助的人卻一點也不懂得感恩及改變。這樣不平衡的關係，可能導致雙方只會批判彼此的行爲，做出批評對方沒智慧或沒價值等人生攻擊。不論是利他者或改變者，如果你發現自己有這種狀況，建議尋求專業的心理諮商師或心理醫師的協助。

如果利他的過程會讓你產生厭惡的情緒，有時不妨用距離爲人際關係帶來美感。

**②總想證明自己是對的。**

有人際關係問題的利他者或是接受幫助的人，不論在接受利他或是利他的過程，往往會糾結在關係的權力角力上。有些利他者會以「我都是爲你好」的善意，逼迫對方接受自己，並藉由這種方式製造讓雙方關係可以維持下去的機會。但其實從未理解彼此眞實的感受與需求。

在這種關係中，不論是利他者或是接受者都不尊重彼此，因爲他們只是單方面強求對方變成自己想要的樣子：利他者只想透過這樣的行爲

「給對方需要的幫助」（但接受者不一定想要），而接受者往往因爲是僧侶型而無法好好表達自己的眞實感受，又害怕人際關係的角力造成摩擦、產生衝突，便以溫順的方式代替解決問題。

所以，便造成修女型的人持續付出，自以爲幫助了接受者，而僧侶型的人在接受幫助的過程中更增壓力與壓抑。

好笑的是，這樣的互動關係，不論是利他者或接受者，都會期待對方接受「眞實的自己」。

**③不具解除衝突的能力**。

如果你是屬於無法有效解除衝突的人，那我建議利他時還是以財布施或法布施爲主就好。

「你給的我根本不需要！你根本不是在幫我，你其實在害我！」

「你怎麼能這樣說呢？」

這類型的人由於同理心或共感度不夠，觀察這種人會發現他們其實並不是眞的在溝通或交談，只是在各說各話。甚至可以發現一個有趣的現象，他們看起來像在對話，但只是自言自語。這樣的互動可以想見，你會像獨角戲一樣對著一面牆說話，不論是利他者或接受者都會越說越生氣，甚至產生「我何必這樣吃力不討好？」「算了，我這個人沒救了吧？」等絕望感。

不論是利他者或接受者，如果發現這段關係常壓抑自己眞實的感受並忍耐，或常透過爭吵來逃避或是斷絕互動關係，彼此各說各話，又希望對方配合自己好好演出，就是處於這個階段。

無法透過互助解決彼此問題的人，往往處於以上提到的三種狀況。

僧侶型會採取順從的方式，有時修女型也會以這種人際互動方式應對，因爲這兩種人不清楚自己的底線，會配合對方。但不同的是，修女型不像僧侶型全盤配合，在某些部分會希望透過利他改變對方的想法與情感，說服對方妥協後，再共同完成利他的目標。

而法師型則會採用打斷的方式，當今天在利他過程中產生問題或衝突時，他就會馬上有「這個人沒救了，我這樣幫他，他居然不領情」，或是「這不是我想利他的對象」的想法，因害怕衝突而產生後續困擾，所以果斷的結束關係。

另外，堡主型的人雖然也會以說服的方式，但更常採取打斷或是人身攻擊。堡主型擅長利用切斷援助關係，作爲威脅接受者的籌碼。修女型的利他者也很常遇到堡主型的接受者利用同情籌碼威脅，常見的臺詞是：「你就不要在我這樣的人身上浪費時間了！再怎樣幫我都是沒用的！」但其實他們並不是眞的想結束這段關係，堡主型的人希望讓對方因爲害怕結束關係，故而屈服妥協。

更偏激的可能會做出自殘行爲，堡主型最擅長利用修女與僧侶型的罪惡感、內疚，將過錯歸咎對方。比如：「都是因爲你不在我身邊，所以我太孤單了，才會跟這個家暴的人在一起，我的人生因爲你毀了。」

那麼，如何透過雙贏的互助去面對利他或其他人際關係中的衝突呢？

## 健康利他者擁有的調整力

有善就有惡，有光明就一定有黑暗，在利他的過程中，一定會遇到看似阻礙你或者造成你不舒服而使你產生自我覺察的人。

我一直都覺得，人際關係中有衝突並非不好，因爲人生沒有絕對的對與錯，更多時候只是立場不同的問題。婚姻、職場、交友，處處都是人際關係，利他也是。

想要眞正幫助別人解決問題，請先放下「我這樣做是要幫你，眞是不知好歹」或者「我那麼幫他，他居然這樣對我，眞是狗咬呂洞賓不識好人心」的執念。

在利他的過程中產生立場不同的對立與衝突，不一定會危害彼此的感情關係，這反而是人際關係中的必經之路。

每個人都是獨一無二的個體，透過溝通才能發現彼此的差異。沒有一方是絕對的對或錯，差異來自價值觀、興趣及對話方式。有時候看似溫和無害的小清新，只是外表看起來很好，其實無法獨自面對與解決內心情緒上的問題；有時看起來小奸小惡的人，卻能夠站在不同的立場協助你。

就像我們感冒的時候，免疫系統會啓動，**衝突是人際關係中需要付出的「人際親密感學費」**。

很多人害怕在利他的過程中面對衝突，急於避開，但現代人需要的正是衝突後恢復關係的調整力。衝突，有時候會讓雙方更理解自己。

利他過程中，心理界線健康的人不會做出擴大爭執的行爲，所以在產生對立與爭吵後，他們覺得衝突只是源自於雙方立場不同與溝通不明確，同時也擁有高強度的關係恢復力。他們會思考是什麼原因讓彼此產生摩擦與衝突，並透過後續對話穩定情緒，修復彼此的關係。

衝突恢復力高的人不會糾結在誰對誰錯，他們會「異中求同」，也就是尊重彼此的差異，一起解決問題。這是幫助別人很重要的前提：理解每個人都有不同的觀點與立場，想辦法整合，一起共好。

我發現不快樂的人，多數不具備人際關係的衝突恢復力，也沒有在衝突後恢復關係的調整力。這樣的人往往會專注於彼此的差異，以及持續找對方的缺點。

可以常見到這種人會有類似的心理：「哼，你每次都遲到，不重視我」「你每次都說話不算話，我再也不相信你了」「像你這樣時間管理不好的人，誰敢跟你合作」。

心理健康的人看待事情的方式，除了自身立場之外，對於自我主見不會太過強勢，他們會把焦點放在彼此的情緒與情感、欲望，而非跳針在事實的關係問題與是非對錯。心理界線清楚的人，除了可以清楚表達自己的眞實感受，也能專心傾聽、理解別人。

而人際關係界線健康的人都有以下特點：

①當雙方情緒爆發的時候，不會先討好道歉或是發怒，而是理解爲何會起衝突。

②不把過錯全部歸咎對方，或強求對方道歉。

③不糾結在事情的是非對錯，而把焦點放在彼此的情緒與受挫感覺。

④不害怕衝突，也不覺得發生衝突是人格問題，思考雙方的溝通方式、觀點、文化等層面上的差異。

⑤了解人際關係中發生摩擦是必然的。

## 學習用衝突加強玻璃心的免疫力

人跟人的關係很玄妙，有人吵著吵著就變好朋友，有人好著好著就漸行漸遠了。

特別是僧侶或法師型的人，會很在意與人起衝突，但其實不論是否利他，日常生活本就充滿許多溝通與協調，難免會遇到不同類型的衝突。衝突像是人際關係中的小感冒，會逐漸增加我們「玻璃心」的免疫力。

跟害怕遇到衝突或是不想面對的修女與僧侶型不同，法師或堡主型的人在遇到意見不合時，會把衝突當成勝負之爭，無法接受自己輸給階級低的人，以直接斷絕關係來化解內心的不適感。

我之前就遇過年紀大我一輪以上的臉友，因無法接受價值觀不同而直接刪除好友，後來又主動希望恢復臉友狀態，只是這中間過了三年。

這類型的人就是很常見的法師或堡主型，衝突時會情緒勒索的說：「因爲你沒有按照我的方式去做，所以我再也不理你了。」

他們認爲先向對方開口就是輸的表現，我也曾這樣不成熟。但這些都不是恢復關係的好方法。特別提出這點是因爲在利他的過程中，我看到很多人際關係不健康的人。

大家很容易因爲發生衝突而覺得自己「被傷害」，然後對關係充滿怨恨、妒忌與憤怒，又不知道怎麼復原……我曾經因爲幫忙照顧失智症的奶奶而沒有童年，導致有段時間跟家人無法和解也是屬於這種狀態。

但其實，眞正讓這種負面情緒傷害自己的，是自己。

我後來透過幫助別人，發現僧侶或修女型的人因爲害怕面對衝突，所以會先向對方道歉或安撫，因爲他們只想化解尷尬，這種道歉很制式且並非出自眞心。

最常見的是：「對不起，都是我不好，請你原諒我。」但他們並非眞心道歉，可能下次還會有類似的行爲模式。

相較於僧侶或是修女，法師或堡主會執著一定要贏得對方的道歉，他們覺得先開口就是輸了，所以除非對方先道歉、服軟認錯，否則絕不接受。特別是控制欲強的堡主型，他們想在關係中成爲贏家。法師型的人可能在你道歉後就能恢復關係，但堡主型的人會在對方道歉後仍緊抓不放，甚至用言語貶低：「道歉就可以了嗎？你太差勁了！傷害我那麼深……」

在寫這本書的時候，體認到選舉造成很多朋友與家人之間的對立，彼此不諒解，甚至還有人擔心被趕出家門。希望這本書可以幫助曾經跟自我與家人無法和解的人，有一條新的出路，也希望讓更多人理解，利他就是利己，人跟人的關係不是只有對立與競爭。

總之，人際界線健康的人，不會持續做出擴大爭執與翻舊帳的行爲。在恢復關係上，可以分成三階段：

第一階段是問對方：「現在方便講話嗎？不知道你現在會不會想跟我出來走走、聊天或吃飯？」

如果不想和解，或仍然在傲嬌、生氣的人，在第一階段就會拒絕你。

每個人處於這階段的時間不同，有的家人甚至會跟你賭氣冷戰一年以上，但請尊重對方想讓生氣停留在腦中的選擇，如果你還想跟對方維持關係，就過一段時間再開啓第一階段。還有，請記得不要被對方在此階段的情緒影響，因爲你的世界不見得是他所想的世界。

第二階段是等到對方願意互動的時候，再說出衝突時自己眞實的感受。請注意，表達感受不是用指責的方式，若覺得自己不好，也要坦誠跟對方說對不起。

最後第三階段，互相理解。說對不起並非勝負問題，願意認錯是因爲在意對方。恢復關係不是翻舊帳，需要雙方提出怎麼做比較好，而不是只依一方的做法。

剛開始時絕對不可能照階段一、二、三的順序順利進行，重要的是認清自己在人際關係中的底線，可以異中求同的解決問題。我從二〇一六年開始服務超過三百位以上的社群訂閱客戶，幫助他們與家人和解以及解決大大小小的人際衝突，都是透過以上三階段過程。很多客戶在跟我吵架後，反而謝謝我，覺得好像重新認識自己，但其實是我從對方身上獲益良多。

以下是我認爲利他者需要具備的人格特質。如果你還是覺得與人相處實在太累，那麼不妨透過法布施或捐獻物資與金錢利他也可以。

**①利他的過程中，產生衝突是必然的，發生衝突時，先思考爲何會產生負面的情緒。**

**②發生衝突不一定是因爲有一方個性或人品不好。自己與他人本來**

就有價値觀、溝通方式等不同的差異。

③重點放在雙方可以一起解決的問題。

④不爭輸贏，誰對誰錯不是最重要，重要的是爲何會引發某些特定的「情緒」。

⑤不強求對方道歉，但自己的錯誤要坦率認錯。有時候道歉並非眞的做錯，而是達到異中求同的一種方式。

⑥爭吵後可以透過自然的溝通，讓彼此恢復到衝突前的角色。

以上六點也很適合應用在伴侶、職場同事溝通時使用。

## 利他先從誠實表達自己開始

對於一些人來說，眞實說出心中的話很不容易。

人際界線健康的人，可以自然表達自己，而不是討好或防禦。但是我們的成長背景以及主流文化，會讓人覺得誠實表達自我是一件很危險的事情。

很多時候，恐懼只是來自於自我催眠。擔心說眞話會破壞現有人際關係的人，不妨問問自己：「我在害怕什麼？」

比如說，過度付出的修女型或是很多事說不出口的僧侶型，往往會因爲害怕關係變僵硬、尷尬而無法拒絕他人。這兩種類型的人容易順應對方而忍耐壓抑，無法表達眞實的自己。

有的僧侶型或是修女型，會因太過在意對方而責備自己。比如說大家一起吃飯，有人說難吃，而負責找餐廳的修女或僧侶型的人就會開始責備自己怎麼那麼差勁，讓他人感受不好，甚至產生罪惡感，覺得自己能力差，連找餐廳也不會。

如果你目前處於這兩種狀態，跟人互動上還是把選擇權交給對方比較好。另外，如果利他過程中與人互動會加深自我責備與厭惡感，也建議可以改成財布施。

特別是在職場，很多人擔心提出與多數人不同的看法，會有不好的影響或遭受職場霸凌。當然，相較於過度在意別人的觀點而無法表達自己的修女跟僧侶型，我不覺得不在意別人觀點而過度自我的堡主或法師型就是好的。

## 誠實也得留一線，日後好相見

「你看一個人討厭什麼，代表他其實渴望但得不到，因爲他不是既得利益者，所以開始攻擊。」

「你看一個人透過貶低對方來成就自己，往往是對方有他很想要，但卻得不到的部分。」

很多人際關係界線不清楚的人，常常有這個問題，我在商場上看到很多沒自覺到自己不健康的人，他們很喜歡這種爾虞我詐的環境。討厭的時候不敢說討厭，喜歡的時候也不懂得說，甚至多數人不是那麼清楚自己喜歡或討厭什麼，永遠追求外在來肯定自己，對內心則遲鈍無比。

人是群居動物，生活在社會中的我們，「讀空氣」是很重要的能力。但是像僧侶型或是修女型的人，會太過在意別人眼光，導致無人迫使也會給自己隱性壓力，勉強自己的想法與行動以符合他人期望。

我小時候爲了獲得爸媽的愛，自告奮勇說要幫忙照顧帕金森氏症的奶奶，導致無法好好睡覺長達十年，因爲我覺得這樣才值得被愛，但其實這只是我一廂情願的做法，後來爸媽也很訝異原來我有過這種不安全感。

修女型的人很習慣利他，他們會努力討對方歡欣，過度體諒別人而忽略自己的感受。他們安慰自己要不求回報，但怎麼可能？修女型無法共感對方眞正想要的，但又持續努力付出，想獲得肯定。

長久下來，跟修女型互動的人會因不被尊重的「照顧」，感到有壓力而不愉快，甚至會引發憤怒，所以你可以常常在修女型的人身上看到類似的臺詞：

「我對他這麼好，他卻不懂我的付出。」

「我爲了這個團體犧牲奉獻，到底得到什麼？」

其實，誠實的表達自己，不僅對於多數人來說很困難，對有些人來說還是很危險的事。

在我經營自媒體的時候，不只一位前輩好心提醒我：

「梅塔，妳不該在網路上表達眞實的感受，只要分享快樂跟正向的事情就好。」

天生批判性思考的我，雖然沒有照做，但可以理解那些想照顧我的前輩，因爲擔心我表達了眞實想法後，跟不同價値觀的人相處會變得很尷尬，甚至會受傷害，或者被既得利益者排擠。

事實上，在我三十歲前，以上事情都發生過。但如果人遲早都得變得圓融，年輕時吵過架、有鬧翻的經驗也不錯。

隨著利他，我的心態也開始有所轉變。我開始理解並非所有誠實的表現都是好的，不在乎別人心情的自我表達，有時候也會傷害到別人。

所以在三十歲後，我漸漸會考量對方的感受再表達，也懂得一些前輩跟我說的，做人留一線，日後好相見。

第四章

# 利他的自我保護

# 利他對原生家庭的反饋

年幼時我們無法區分自己與家人的界線，情緒與欲望等會受父母影響而不自覺。因此得區分目前的目標到底是自己眞心想要，還是爲了被爸媽肯定。

有個保險富二代的朋友，常跟我抱怨一樣在保險公司工作的母親。我可以感受到朋友成立通訊處並非眞心，在單親家庭長大的她，只是希望被母親肯定罷了。跟母親住在一起，經濟無法獨立的她，被母親支配了多數的人際關係，被牽著鼻子走，也沒有自覺到與原生家庭關係的影響比想像中大。總是順著強勢母親意思的她，當然無法活出自己，更別提歷任男友母親都不滿意。

但話又說回來，曾經處處跟父母針鋒相對，甚至不顧反對去環遊世界的我，難道就獨立了嗎？其實不論是這位保險富二代或是曾經努力不跟父母有任何關係的我，都未能脫離父母的影響力。

因爲原生家庭對我們的影響超乎想像得大，若是我們將與家人互動的關係套用在社會上，一定會出問題。我曾經就處於過度防禦的堡主型，可想而知，在學校與人多爲疏離。但透過與不同人互動的利他，遇到讓我們產生不同情緒的人，能自我覺察到問題。比如說，爲什麼我們老是吸引到特定狀況的人？這些反思會讓你漸漸理解人際關係的界線，也逐漸擁有健康的人際關係。

## 我們或許都曾經受過傷

多數人重複著七到十四歲的生活，我自己也是。父母親是上班族，小時候多數時間是由奶奶養育長大，但由於長輩們都很忙碌，加上鄉下地方又少有玩伴，因此在漫長的利他與自我覺察過程中，在遇到現任男友前，我曾經很難信賴他人，也很難對自己產生好感。

我總是覺得自己不夠好、希望自己更好，痛苦的持續自我批判，這樣的糾結，只有在持續幫助人獲得自我滿足與成就感時才稍微平復。

所以，當你放下要更努力、更好的念頭，才能眞正從自我限制中自由綻放。

在養育我多年的奶奶驟然過世後，我曾經害怕有一天父母也會突然離開，當時沒有自我覺察到內在需求未被滿足。沒有被好好愛過又敏感的孩子，又該如何去愛人？

所以除了跟父母劇烈爭執，我的感情與人際關係到處跌跌撞撞，也曾經爲了得到自己想要的，徹底壓制以使對方屈服。

但即便如此，在環遊世界回來後，經歷受邀環島演講等數百次的人際關係互動與自我覺察，我開始可以創造自己的世界，改變舊世界的人際關係模式。當時我曾經許願，如果能摸索出新的道路，一定要跟更多人分享如何跳脫原生家庭的影響，雖然這過程眞的非常痛苦。也有些大我一輪以上的朋友告訴我，要勇敢面對這一切無比艱難，需要勇氣去面對漫長的路。

如同前面提到的保險富二代，她一直跟我抱怨母親對她的情緒勒索，但是，只有媽媽有問題嗎？允許母親一直踩線的她，其實也要爲自己無法獨立生活負責。

人是慣性動物，比起砍掉重練、創造適合自己的生活，多數人更習慣自己熟悉的生活圈，哪怕這種關係有礙彼此成長與心靈健康。

很多人只會責怪別人，卻沒發現在人際關係中，自己也有問題需要調整。

在利他過程接觸多元的人，會發現多數人似乎被一道看不見的程式指示著自動前進，包括對話、感情、娛樂、想法、感受、處理衝突的方式，有人可能終其一生都沒發現自己不斷重複著哪些模式，也有人在利他的過程中慢慢調整。

我建議大家不定期思考，讓你產生不舒服情緒的人，是否讓你聯想到小時候不小心傷害到你的父母或朋友？你的父母是否也曾經於成長環境中受過傷？受傷的童年是否讓你對情緒更為敏感？這些受傷的經驗，對你現在的個性有影響嗎？跟家人發生衝突時，你屬於堡主、法師、修女還是僧侶型？你跟伴侶的互動方式是否重複著你與父母的關係？

## 請先面對內心的洞

你是否擁有很多卻非常忙碌、依然空虛，而且這種空虛無法用任何物質，甚至菸、酒等上癮物質來滿足？

我觀察很多工作狂或是讓自己過度忙碌、睡眠不正常的人，都無法面對內心的黑洞。在發現自己眞正是誰以及清楚人際關係界線的時候，會發覺自己正在一點一滴的修補那個黑洞。我是到三十歲後才能對自己與周遭的人親近一些。在利他的過程中，我也注意到有些人即使過四十歲或終其一生，都在逃避面對這樣的黑洞，因爲太痛苦了，所以他們透過不斷工作、談戀愛、囤積物品與金錢而不去面對。這沒有什麼不對，都是每個人的選擇。

可能有些人覺得老狗變不出新把戲，但我仍然很喜歡這句話：「我們不是變得越來越老，而是天天更新。」

## 成為支持自己的人

「梅塔，我眞的很厭惡現在的自己，該如何像妳一樣好好接受本來的自己？」

雖然我都會建議遇到狀況的人找專家諮詢，不過在這邊可以跟大家分享，面對原生家庭還有受傷的過去，以及內心的黑洞，自己要能好好安慰、陪伴自己，成爲支持自己最佳的戰友，才能比較快走出這樣的情緒黑洞。

**在順境的時候很難認識眞正的自己，一個人眞實的樣子往往會展現在辛苦的時候。**

「我實在太沒用了，這點小事都挺不住。」擅長支持、安慰別人的修女型，很難好好支持自己，並且逃避面對內心的黑洞。

我們一出生就是一個人，無論怎麼對待自己，身體仍然每天無怨無悔的支持我們，而你有感謝過自己嗎？

你必須先成爲支持自己的人，才有可能轉變。

怎樣才能成爲安慰與支持自己的人？可以參考本書的脈輪與實作練

習，每天給自己一段時間，好好跟自己約會，哪怕只有五分鐘，給自己一個擁抱與肯定也行。

以下是利他也尊重別人的自我表達法：

(a) **保護好自己的人際關係界線，表達自己想要的事物，但不要強迫對方改變、批判或人身攻擊。**（堡主跟法師型）

(b) **表裡如一的表達內心感受。如果說出與眞正想法相反的話，必須花雙倍的時間自我療癒。**因爲你必須很累的一邊說謊，同時又一邊對自己說實話。（修女與僧侶型）

(c) **如果你不讓對方表達感受，代表你是有侵略性的。但若是忽視自己的感受，代表你過度在意別人。**（常見於僧侶型）

(d) **不需要被允許就能表達自己的感受，當然別人也不需要你允許就有權利表達自己的觀點。**

在利他的過程中，不喜與人衝突的我，如果遇到無可避免的溝通狀況，我會讓自己有這四大SOP：

**①停止不自覺的口頭禪，比如「不好意思」「我知道了」「抱歉」……**

就我觀察，僧侶型的人很容易脫口說出「我懂」或「我知道了」，但其實他們往往不知道自己眞正的問題在哪，這類型的人大多出生軍警或公務員家庭，或本身是在威權主義下的環境生活。

而法師型的人則會過度保護自己而拒絕他人，修女型或堡主型則因無法同理而不考慮別人的感受：「你錯了，照我這樣做才對。」

人際界線有狀況的人，除了人際關係充滿階級，無法建立平等互動的關係之外，他們也常以自己的感受來判斷事物，過度活在自己的世界。比如前面提到刪除好友的臉友就覺得：「我拒絕接受梅塔的參考資訊，並且刪除她好友，她一定會按照我的話去做並且會很難過。」但是他沒有發現自己的感受跟眞相差距很大，因爲我根本沒發現自己被刪除好友這件事情。

以前我無法好好拜託別人，甚至自我批判、不信任自己值得被好好對待，所以開口閉口就是「不好意思」，直到伴侶提醒才發現自己有這樣的盲點。當時也才意識到人際關係出了狀況，導致什麼都自己來，無法好好照顧自己，也讓團隊無所適從。

所以，每天讓自己暫停一下，跟自己好好約會，給自己自我覺察的時間很重要。

**②覺察自己眞實的感受與觸發的情緒，同時也要思考說出口的話、該負的責任。**

如同前面章節提到，利他時也要注意身體帶來的訊息，比如，如果去了某些場合或接觸某些人，造成自己很累或不舒服就該停止。但是修女、僧侶這二種人，無法感受情緒爲身體帶來的反應，而法師跟堡主型則可能因爲過度防禦，導致互動上有侵略與攻擊性。

但話又說回來，情緒過度敏感的人，人際關係往往也有狀況，因爲在利他的過程中，他們或許會把別人的問題過度放大成自己的問題。

我的觀察是，法師跟堡主型的自我反省力很差，幾乎都是責怪別人。而修女跟僧侶型則是過度敏感與自責。

**③判斷雙方的情況**。

如同人生沒有正確解答，人與人的互動也是。我們對於環境的投射，往往也呈現出當下自身的狀態，但可以給大家與人互動上的大方向：如果互動關係自己沒有決定權，總是在配合對方，那這段關係就有問題。

比方說總是你持續給予資源幫助對方，對於持續接受的一方來說也不健康。不管多親密，都要有自己的界線。另外，借錢給朋友這件事，不是不行，但要確保對方會還錢，並且借出去的錢不會影響到自己的生活。

在我無法給自己歸屬感以前，會太過投入跟朋友聚會，導致身體不舒服還硬要赴約，這就屬於過度勉強自己，不清楚自己的界線。

**④表達自己的眞實想法，避免情緒化。**

人際關係界線不清楚的人，不能接受就事論事的被拒絕，或覺得立場跟自己不同就是在否定自身。

比如送喜歡的人或家人禮物，但是對方可能不需要這份禮物或是覺得禮券跟金錢比較實用所以拒絕。這時修女型的人會覺得失落：「不會啦，這超實用的。」然後不管需不需要硬塞給對方。僧侶型的人可能

## 利他時遇到衝突的四大 SOP

① 停止不自覺的口頭禪，比如「不好意思」「我知道了」「抱歉」……

② 覺察自己真實的感受與觸發的情緒，同時也思考說出口的話、該負的責任。

③ 判斷雙方的情況。

④ 表達自己的真實想法，避免情緒化。

會說：「這樣啊……」苦笑著，默默把禮物帶回去，自己在角落畫圈圈。法師型的人會生氣：「不要拉倒，以後不送了！」氣噗噗的決定再也不理你，跟你冷戰一段時間。堡主型的人除了發脾氣之外，可能還會情緒勒索：「如果不收我的禮物、不接受我的好意，就當我沒你這個朋友！」並且責備你不懂他爲了準備禮物花多久時間。

適當表達自己的感受，不要去攻擊與批判對方。我們多數人不擅長分享情感，舉例來說家人通常以「嫌棄就是愛」來表達情感。父親以前就曾經因爲希望我準時回家，但是開口第一句話永遠是：「這麼晚回來，我都以爲妳是不是被撞死了。」人在被攻擊的時候理所當然會馬上反擊，在經歷過無數次吵架以後，我知道父親是愛我的，只是不擅長表達。

所以，有一天我突然對爸爸說：「爸，你愛我嗎？」他馬上回：「那當然。」我又問：「那你爲什麼成天詛咒我？」父親皺眉：「我何時詛咒妳？」我馬上笑嘻嘻的說：「每次回來你都詛咒我被撞，那如果我真的怎麼了，誰來幫你送終啊？再說，如果你希望我早點回來，就說你關心我嘛。你這樣說我很難過，不然你希望我一個禮拜有幾天早點回來？但我也希望有自己的時間，畢竟我都成年了。」

表達的時候，你不能控制對方完全照你的話去做，人不是機器人，而且這樣做，對方可能也會帶攻擊性的對你宣洩情緒。如果對方反應過度，請不要被影響或繼續被挑釁，可以回到第一階段，或是乾脆離開現場一小時後再回來，甚至可以寫下當時的心情，等對方平復後再討論。

你要做的只是誠實說出自己的想法，但不可以批判或是指責、翻舊帳等，爭論對錯無助於解決問題。

## 利他前先利己，從練習拒絕開始

很多人無法接受自己被拒絕，覺得被拒絕就是被否定。其實我是在開始提供社群訂閱服務以後才發現，原來說出自己眞實的感受並不是每個人都能做到的。

我們本來就有拒絕的權利，對於不想做的事情可以不做，決定權在於自己。但是很多人不懂拒絕，這也是許多好人越利他心越累的原因。特別是前面提到熱愛奉獻的修女型，以及總是有話說不出的僧侶型。但難道愛拒絕的人，人際關係就健康嗎？也不一定，總是防禦過度的法師型以及希望大家都依他的堡主型，會快速拒絕別人的請求，這兩種人因爲害怕自己受傷，而使周遭的人心情受損。

如果你不會拒絕別人，並且把決策權交給別人，代表你無法相信自己。沒有自信，又如何創造自己的人生？

覺得拒絕他人會讓對方傷心的人，往往是因爲他們無法理解：拒絕幫忙，不是否定個人，而是這個請求。

不過，太快回絕也可能會影響對方的心情，因此建議在拒絕前注意以下幾點：

● **答應前說「我晚一點回你」**。

不論是容易答應人的修女與僧侶型，或是容易拒絕人的法師跟堡主型，請在答應別人的請託前，先離開或暫停當下的時空。如果對方希望你幫忙卻讓你不舒服的話，最好先終止對話，思考一下再決定是否要幫這個忙。

● **明確但不批判的拒絕**。

比如有同事希望你假日跟他一起去做志工服務，如果你想好好休息，可以直接說：「我那天有事了，所以不能跟你一起去。」而不是說：「你不會自己去嗎？」不需要過度解釋，有時候講越多反而越讓對方難過。

**●拒絕與妥協的空間。**

我們可以很容易拒絕不熟的公益單位募款或者愛心筆等邀約，但是對於朋友借錢，或許可以借出不影響自己生活的數目（即便對方之後不還錢也無所謂的金額），並且向對方表示：「我自己也需要生活，只能借你這些，有空再還我就好。」

## 好的利他是保有自己，並與人產生連結

清楚自己的人際關係界線、擁有健康人際關係的人，會把時間花在

喜歡的人與領域上。

會隨意對待你的人，繼續容忍對方這樣對待，既不利己也不利他。不論事後說再多好聽的話，仍然做出讓你不舒服的行爲或言語，那眞的應該思考是否該繼續幫助他。

比如我之前有位合作夥伴，曾經透過抱怨老公跟婆婆，希望大家贊助物資（比如我贊助了整年的尿布）。但幫助她之後，我就明確要她爲自己的婚姻負責，否則繼續贊助下去也於事無補。

面對任性、沒有同理心，並會隨意對待你的人，保護好自己是很重要也很不容易的事情。

人必自重而後人重之。不需要做過多的解釋，不需要去改變對方，也千萬不要把不舒服的感受放在心裡，這樣反而會產生自責感，增加自己的壓力。

健康的人際關係，須調整跟他人的距離，但也不是叫你保持懷疑，而是要跟對方產生「連結」。能夠跟人產生健康連結的人，首先要能夠創造並擁有自己的世界。有自己世界的人，除了可以在自己的世界觀察別人的世界，也不會太在意別人的情緒。

沒有自己世界的人，很容易被他人的情緒影響。但過度活在自己的世界，不走出來觀察其他世界的人，可能只是為了擺脫照顧者的掌控，看起來很獨立，但只是為了叛逆而叛逆。

在一點一滴建立起自己的世界之前，必須真實做自己。而真實做自己，首先必須先了解自己。

我希望這本書能讓人感受到活在當下的幸福，你不需要做什麼就能擁有寧靜的滿足，即使遇到生活中的痛苦，也能自我療癒。很多人擁有許多物質、金錢與名氣，卻還是不快樂，就是因為覺得自己要用「更努力」「更好」，來填滿那些不屬於自己的條件才能幸福。

真正的利己利他，是自然產生連結的人際關係。當你不再需要為了維繫關係花費力氣，彼此可以自然分享關心的事物、交流價值觀，就可以在自我的世界與他人的世界「做自己」，活出客體我與個體我的平衡關係。這是我希望透過利他，每個人都能體驗到的幸福。

# 第五章

# 利他的日常實作

## 不可思議的好運，來自你的價值觀

用二十萬元環遊世界平安回來後，這十年我發生了很多「很好運」的事情：

①幫朋友賣公司，十分鐘內在網路上找到香港買家，意外開啓「萬事屋」的網路訂閱服務，而接到很多有趣的委託。

②很多人說開公司或創業，很難超過三年，但我的公司目前已經超過一千天。當初開公司也是誤打誤撞，一開始只是想幫臉友靠網路獲利一百萬，卻沒想到後來營業額需要開個小工作室來開立發票。

③目前免費入住的大直百坪豪宅，是男友的朋友希望我們能夠幫他

保持屋況並售出。（另類的打工換宿？）

④目前男友開的車子也是友人相贈。

⑤二〇一五年意外申請到臉書藍勾勾，開始幫藝人朋友們申請，也意外賺了一筆零用錢。

⑥為了測試臉書的直播功能，開始以「一書一觀點」系列的實作直播，跟大家分享自己喜歡的書。講了超過一百本以上後，開啓了更多元的邀約，但我的初衷完全沒有想過要獲利，只是希望自己的人生經驗對大家有一點啓發。

⑦意外出書成為作者，第一本書在第一個月就獲北京的出版集團購入版權。

⑧在高雄青年職涯發展中心舉行快四年的讀書會，初衷也是因為覺得朋友不續辦很可惜，再加上每個月都會從臺北回高雄，除了看家人也想辦一些有意義的活動。當初這樣的公益職涯讀書會，很多人都說不會

超過一年，但走到如今，一月一策展的活動仍令我感到神奇。

⑨大企業的工程師朋友看過我的第一本書後，主動來談異業合作，所以在二〇一九年我有了自己的官網。

⑩每年網路訂閱服務破百萬，直到現在。

幸運發生在自己身上的時候，一定要感謝所有人，還有宇宙。

當發生好運或莫名被黑粉攻擊時，比起發公告聲明，我選擇更專注讓自己「服務」世界。

然後很神奇的，這種利他的能量似乎會保護我，並且「反彈」惡意能量到發出者自身。

## 累積利他存摺時，小心能量反噬

我在能做到的範圍，努力日行一善，這習慣已經超過十年以上。**日行一善的概念有點類似「利他存摺」**。這跟我們使用的銀行存摺不太一樣，**你必須累積到一定的額度，加上有一定程度的自我覺察，才能夠像銀行帳戶一樣能提領並存款；心想事成的速度也會隨著存款多寡而成正比**。

比如，去百貨公司剛好有停車位這種比較小的心願，可能只需要花費利他存摺十元，但如果是年收百萬或是快速賺到一桶金等願望，建議至少幫客戶累計賺到千萬或是幫公司省錢十倍以上再考慮許願。

當然，如同一般商業交易，有人可能會透過其他管道，比如求某些牌卡或符咒去跟靈性銀行「融資」，想走捷徑讓自己的利他存摺在短時間內數字暴增，但是短視近利的赤字融資，即便得到超過自身能力所擁有，也守持不住，甚至會被好運反噬。當然也有人持續累積利他存摺，卻像守財奴一樣都不使用，這就像死錢不滾動的概念。

我建議以十比一的概念，做了十件小的好事就許一個小的願望，做了十件大好事就許一個大願望。

同時，我建議在累積利他存摺的時候保持「無差別心」。也就是說，當你在法布施的時候，不要有「我今天買了那麼多愛心筆或是捐贈救護車，以後一定會長命百歲」，或者「我今年帶了多少人來教會做禮拜，我一定會上天堂」。最好將這些內化成習慣，這樣如果發生不好的事情，也不會有「因爲我是好人就該怎樣的想法」，因爲利他能量也有反彈的狀況（例如幫到不適合的人）。

事實上，意外與疾病就是轉機，提醒你的意識失去了與靈性本質的聯繫。

我一開始公告要利他，天天爲大家直播一本自己實作的書籍時，反而是遇到最多酸民、黑粉砲轟的時候。當時我每天都告訴自己：「這是考驗我想利他的決心嗎？」所以誠心建議大家，如果遇到不需要你幫助的人，就隨緣等待回應吧，不然可能越幫心越累。在我正視自己的感受並調整後，人脈圈也開始轉變，遇到很多充滿正向與愛的新朋友。

## 二十一天的利他練習

以下是我持續在做的利他練習，每天一次，最好是早上出門上班前或睡前，每個練習實作持續二十一天，再決定要不要繼續。

然後，每個月或是每天換一個練習，選自己最喜歡的練習開始實作二十一天以上。重點是，**只要有做就是加分，請讓它自然融入生活中成為日常的一小部分**。不要勉強自己，實作要開心，即使一個禮拜做一、兩次也很棒。當然天天擇一執行也行。

**練習一：財布施、法布施、無畏布施三擇一。**

金額爲每月月薪的一成以下，比如月薪三萬的人，每天可以花一百元以下練習財布施，也可以去便利商店捐錢，即便是一元零錢都好；在網路分享資訊給需要的人；一週或一個月花幾小時當志工陪伴需要的老人、寵物、小朋友，或是擔任電話客服義工。

財布施是付出的練習，我想寫這本書也是因爲覺得付出是利他很重要的原則。能量是流動的，我們想獲得什麼必須先付出什麼。**當我們把能量給出去的時候，同時也空出了空間讓適合我們的幸福進入**。當你能理解時，就能明白付出不會失去什麼，反而是持續獲得更多。

練習一可以幫助我們理解每個人都有源源不絕的快樂，我們天生就自帶快樂的光環。很多不曾利他的人，都誤會必須要獲得什麼才快樂，但是天生就有快樂開關的我們，其實可以透過利他擁有更棒的感覺。利他，其實是給予自己更多愛。我們分享得越多，就會從世界獲得更多。

但是請記住，心態健康的利他，是建立在清楚自己與對方的人際界線上，若感覺不對勁就要拒絕付出。財布施也是很好的日常付出練習。

也可以結合神聖補償法則，從現在起想獲得什麼，就先開始付出什麼，直到願望實現爲止。願望可能會在過程中轉換，這是正常的。比如想要有錢，就先好好完成目前的工作，幫公司賺錢；想要伴侶對自己甜言蜜語，先由自己開始；希望對方準時赴約，先成爲一個準時的人。

將利他融入日常生活，可以嘗試以下方法：

①發揮創意。除了財布施，還有什麼能量可以流入宇宙，爲世界帶來更多益處呢？比如我希望自己的語言跟文字可以成爲大家的禮物，所以開始經營自媒體。

②如果沒有特別的宗教信仰，也無法捐出所得的一成用來做公益，那麼即使每年捐出所得的一％，也可以感受到付出的美好。

③把一年內很少用或者不會用到的東西，送給別人或物資站。

④在紙上寫下可以馬上開始的愛心行動：一篇文章、一個擁抱、一通電話、一封簡訊或是捐獻。多多表達對周遭的感受：「謝謝你耐心聽完我的回答」「謝謝你幫我牽車，祝你有美好的一天」。

**練習二：赤腳接地氣的能量歸零淨化法。**

首先，舒服的坐在草地或是站著閉上眼睛，想像大地的能量透過你的腳到脊椎，漸漸往上；同時，身上的負能量與靜電，隨著這條接地線流入大地之母。結束後記得感謝地球的淨化，這個練習會讓我感受與大地還有宇宙是一體的、並且平衡，而這樣的平衡會加速心想事成、幸福實現的能力。

這是我最喜歡的實作之一，且可以搭配其他練習同步進行。建議最好在有陽光的時候（太陽下山前都可以），每天給自己三到五分鐘，搭配深呼吸與靜心冥想。我甚至會在接地氣時搭配祈禱文：

「謝謝天，謝謝地，謝謝祖先，謝謝過去我所遇到的人，也謝謝我未來即將遇到的每一個人。」

這個實作我每年至少會做五十次以上，已持續十年，跟社團成員進行接地氣接力賽也超過一千日了。**接地氣除了能淨化利他時與人接觸的氣場，也是練習創造更多心想事成與幸福感的實作**。

害怕土壤或草地的人，可以踩踏在公園的石頭步道上或者摸樹，閉上眼睛深呼吸，感受身體的感覺。

隨著天天練習，可以感受到身體反映出自己的能量與狀態。我在做這個練習的時候，會感覺左髖部分還有大腿很緊繃，即使是短短五分鐘，也會感覺身體重心不自覺往一邊偏移，導致大腿跟髖部長期肌肉壓力太大而不平衡。這樣的覺察，讓我能透過有意識的拉筋或瑜伽等動作舒緩。

**練習三：一日一捐。**

當你捐出一年內再也不會用到的東西以後，人生一定會出現改變。多數人有這樣的迷思：好像必須要「有什麼」才能「成爲怎樣的人」。但事實上，你就是你。活出眞實的自己，自然會有適合你的一切資源。

而這個練習，就是讓你跳脫汲汲營營、追求過多物質的囤積。你會明白不需要外在的物質來讓自己更好，本來的你就很好。很多人因爲想填補內心的洞，緊張與充滿壓力的控制物質，去獲得自己想要的，但外在的東西無法填補內心的洞。透過天天捨棄的練習，可以找回內在的力量。

舉例來說，二〇一三年我開始清理家中數千本藏書，起因是這些書太重，導致書櫃牆崩塌。驚嚇之餘讓我產生只留五十本書在身邊就好的想法。當初會有囤書的習慣以及過度的求知欲，是因爲我無法信任宇宙、無法相信自己活在當下所致。

起心動念後，我開始只留下眞正必要的東西，空出空間給幸福。我開始學習相信「當下的自己就很美好」。我目前的書盡量維持在一百本，而且盡可能讓自己每看完一本書都有一定的「輸出」，不論是給社團成員的音頻或是內化的文字雲端檔，或公開分享。希望嘗試電子書後還能維持這個習慣。

我每天都會將一件再也不會使用的東西，捐到家裡附近的宗教回收站，目前已經超過一千件以上。建議最好是選家裡附近方便的回收站或是單位，因每日持續才是重點。捐出去的同時請告訴自己：「如果覺得有一天會使用到，那一天絕對不會到來。」並謝謝物品陪伴自己的這些時光。

**練習四：負面情緒日記。**

記錄讓自己產生負面情緒的人事物或是話語，可以問自己以下問題：

- 爲什麼這個人讓我有不舒服的情緒？
- 我爲什麼討厭這個人？
- 我該爲今天的情況負什麼責任？
- 我學到了什麼？

- 如果我調整以後會有什麼好處？
- 爲什麼我允許它讓我不舒服？
- 我可以釋放什麼，讓這件事情圓滿結束？

寫完後再決定是否要銷毀這張紙，放下對這個人的憤怒，或是持續記錄一段時間，觀察自己是否對特定人事物有固定的情緒反應。

我發現很多人都曾經或仍然有「不好意思成癮症」，很容易爲自己的情緒感到「不好意思」，覺得表達情緒是很差勁、不成熟的。所以，希望你可以老實記錄下來，不需要感到不好意思，透過書寫釋放控制或壓抑的情緒。

我跟家人或伴侶吵架後，會問自己並記錄在電腦雲端，還會共享給對方。除了記錄案發時間（when）跟地點（where）、發生什麼事（what），以及爲什麼對這件事有特定情緒（why）、下次如果遇到該如何轉化或解決（how），有時候也會錄影下來。

**練習五：日日靜心**。

不論是泡澡、運動或是赤腳接地氣，都要給自己每天活在當下的自我覺察，即使只有一分鐘也好。想像自己被金黃色（選擇任何喜歡的顏色）的療癒能量包圍，用心去感覺。如果當下有不舒服的地方，比如肩頸痠痛，可以問身體不舒服的地方，是否有訊息想傳達給自己，沒有馬上獲得答案也沒關係。想像身體的問題漸漸被解決，金光也逐漸消失。被光圈修復完畢的你，自然又美好，想像自己各方面都美好又健康。在每一次的深呼吸中，釋放身體的緊繃。

另外，我很建議在靜心的過程中，不要勉強自己更好，而是接受「現在的你就很好」。每天即使只是有自覺的調整呼吸，都是很棒的練習，不需要執著於練多久。即使是沒意志力、難以堅持健康生活習慣的人，依然可以持續有自覺的靜心生活，**比起每天一定要實作的「量」，更重要的是持續**。

這樣的靜心也可以用來療癒別人，即使對方在遠方。我們無法知道對對方來說什麼是最好的，因此將一切交給宇宙來療癒。**療癒的能量不會受到距離影響**。

意外跟疾病的發生，往往是在提醒我們該好好靜下來自我覺察。當然，並不是說所有疾病都與心靈有關，我也不建議自己當自己的醫師。舉例來說，困擾我多年的左髖與左臂肌肉僵硬與疼痛，在跟專業的職能治療師與運動教練討論後，得知是因爲長期靜態工作導致運動與肌肉量不足。

以前沒有靜心習慣的時候，常因爲肌肉緊繃、疼痛而失眠並自我批判，覺得自己怎麼那麼沒用，連覺都睡不好……現在才漸漸體會，疼痛是種禮物，因爲它提醒了我們身體需要療癒的地方。你曾經好好讚美與支持這個無論如何都會陪伴在自己身邊的戰友嗎？

我在靜心的時候（前中後都可以使用），會搭配祈禱文，好像跟朋友對話般：

「親愛守護我的○○（可以呼喊信仰的神／守護神／高我），過去我曾經不知道如何對待自己的身體，我祈求犯下錯誤所導致的影響可以在所有的時間維度中被消除。我的身體全身上下的細胞正在自我療癒，感謝疾病與疼痛提醒我要更愛自己，我正在好好休息，好好療癒，我接受所有的不舒服與自療的過程。謝謝這逐漸恢復的過程，我感謝並且體驗，我放下對抗。」

事實上，我覺得靜心對我最大的轉變，是讓我從有物質需求的人，變成對自己滿足並且能在日常生活中利他、幫助更多人的人，這也是爲什麼我選擇日行一善與出這本書的原因。**當你注意到的是別人能否過上更好的生活，自己也會漸漸擁有更多美好。**

靜心可以讓我們充滿多巴胺與血清素，不被匱乏、不甘的感受所牽制。靜心可以讓你的直覺一天比一天更強烈、更敏銳。

**練習六：將利他視覺化。**

這個練習很簡單，而且超級有用。想像幫助人時開心的畫面，然後透過利他後的能量，想像自己被金色氣場包圍（選擇自己喜歡的顏色）。最後，想像光芒漸漸消失，就像對於想要的東西放手，並擁有實現願望需要的能量。

要記得，你的頻率與氣場會吸引到符合你的人事物。舉個例子，我喜歡把自己想成樹，當然你不一定要跟我一樣，可以想像自己在粉紅泡泡或是海洋世界，盡情發揮想像力在自己喜歡的地方。

練習成爲金光閃閃的靈性之樹：

①站或坐著，也可以在泡澡時練習，最重要的是抬頭挺胸。如果是結合赤腳接地氣，我會把雙手伸直互相合掌，讓身體呈現一直線的狀態。還記得前面提到的 a 脈輪嗎？想像身體的能量透過 a 脈輪延伸到地底。

②想像《阿凡達》電影的場景，你的雙腳延伸爲大地的分枝，你是一棵金光閃閃的靈性之樹，這些「樹根」讓你穩穩跟大地之母連結。

③想像自己透過 a 脈輪，讓身上不屬於自己的負面能量，透過這些「樹根」離開自己、進入大地之母，並感謝大自然與土地的療癒力

量。

④深呼吸，感受大自然的療癒能量透過 a 脈輪，層層經過 b、c、d、e、f 脈輪到最頂端，想像自己如同大樹般開枝散葉。

⑤透過吸氣跟呼氣，想像療癒的能量布滿全身，進行①到⑤步驟三次以上。感受自己的頭頂跟宇宙連結，感受腳底跟大地連結。

持續每天練習，生命一定會改變，世界給你的療癒力量是超乎預期的。

**練習七：感謝擁有的一切**。

類似負面情緒日記的做法，寫下每天值得感謝的一件小事，不論是健康的身體、好吃的餐點、一句好話等。列出讓你感激的一切，不想寫字的人也可以跟我一樣，搭配赤腳接地氣或是泡澡一起練習。

每天睡前或起床前，寫下或在心中說出一到三件感謝的事情。可以寫在喜歡的筆記本、九宮格，或者記錄在喜歡的手機程式裡，以便之後回顧。

把腦中認為一定要解決的問題先放下，想想開心或很順利的事情。

很多人都有一種迷思，認為越受苦，所受到的福報就會越多。事實上，我們不需要很辛苦工作，也能過上自己想要的生活；我們不需要吃得苦中苦，才能方為人上人。人生沒有什麼是正確的解答，很多人在不順利的時候，會把情緒聚焦在不順的事上，導致吸引更多的不順利，放大了一整天都不好的顯化狀況。所以當我遇到不舒服或是不順的人事物，就會問自己：「我可以感謝什麼？」

另外，也要感謝身體的疼痛，並透過深呼吸去覺察痛點與身心反應。**疼痛是身體在提醒我們該注意的地方。**

**眞心的感謝宇宙，你會發現老天在給你禮物前，或許是先用「不順**

利」包裝。

**練習八：放下自我，觀察別人，給予祝福的正念練習。**

當我們療癒自己的時候，其實也正在療癒整個群體與世界。

現代人生活太忙碌，我們往往急著打斷對方的話、想要給建議，腦袋中不停計畫自己要說的話。練習先不要主動跟人說話，練習「等待回應」的藝術。

注意出現在面前的每個人，並且默默給予善良與體貼的想法，接受周遭人給你的愛，默默對自己說：「我今天獲得了每一個相遇的人給我的愛，包含宇宙。」同時，至少做一件平凡但會讓自己開心的事情，比如帶毛小孩散步、在清晨運動等。

正念練習時，我會默默對擦身而過的路人祈禱：「感謝此刻的相遇。」「願我們身心靈平衡與健康，願眼前之人身心健康與幸福。」我常常利用生活中的零碎時間，比如等咖啡、等叫號、搭乘計程車、捷運或等人的時候，持續給予周遭祝福的能量。

透過這樣數千、數百次的練習，我們會漸漸對別人柔軟，以及擁有無差別的心。在我的定義中，這也算是日行一善的一種。每一次的正念練習，其實都是在幫助自己與世界更好。

很多的靈性書籍或許多教派都有提到，從靈性的角度來看每個人都是一體的，特別是在世界這麼多狀況的時候，與其抱怨「爲什麼我會遇到這些事情」，反而可以轉念思考「遇到這件事情讓我學到或體驗到什麼」。

把愛的能量給予出去，宇宙也會把愛送回來給我們。

正念練習時，即使遇到不開心的狀況，也可以提醒自己：「我今天給出了很多愛。即使看似不如意，但我還是擁有很多愛，我自己就是愛。」

**練習九：透過祈禱療癒世界。**

雖然主觀上，我偏執的認爲未經他人允許就幫對方祈禱是很不尊重且失禮的事情，但傳染疾病疫情蔓延、澳洲大火、非洲蝗災等，世界實在發生太多事情，同樣在地球村生活的我，除了難過，也想爲世界做些什麼。

每年都會跟社團成員嘗試實作練習的我，今年邀請有緣的讀者一起在網路上留言，爲世界代禱。祈禱不只能療癒自己，也能療癒地球。這或許會讓人懷疑或感到不可思議，但是透過我超過五年的實作練習以及許多有趣的科學實驗，證實了祈禱的文字跟語言都具有療癒的力量。

不過，我建議**這個練習最好在自我療癒到一定程度後再開始**，**因爲我們無法給別人自己沒有的東西**。如果你目前處於無法接受自己，或無法好好愛自己的狀態，建議可以略過這個練習，幾年後再回來看這部分。

### 練習十：把握每年的 reset 日。

很多朋友好奇我透過利他心想事成，或是幫助朋友獲利的速度爲何如此迅速，在此我公開一個自己多年的小習慣。我會在每年的**一月十一日及十一月一日，在當日上午十一點零一分與十一點十一分，以及下午一點零一分與一點十一分，午夜一點零一分與一點十一分祈禱**。

簡單來說，兩天共有六次的祈禱機會。祈禱過程我會想著自己持續利他的能量，並且滿心歡喜迎接即將降臨的富饒能量。很多人心想事不成，是因爲累積的利他能量還不夠，所以無法換到相對應的寶物，你可以透過這樣的練習去感受目前的能量狀態。

專心祈禱與靜心，想像未來一到三年想擁有的感情、事業、金錢、生活是完全透過利他能量轉換而來。一分鐘內，專注自己的意識，專注在一個想法祈禱。這就是想法變成現實最快顯化的祕密之一。不要許自己做不到或影響到別人的願望，比如：希望李奧納多娶我。

## 利他的 21 天實作練習

| | |
|---|---|
| 1. 財布施、法布施、無畏布施 | 捐錢或物資、分享資訊、當志工。 |
| 2. 赤腳接地氣 | 坐在草地或是站著閉上眼睛，想像大地的能量透過你的腳到脊椎，漸漸往上，同時，身上的負能量與靜電，隨著這條接地線流入大地之母。 |
| 3. 一日一捐 | 捐出一年內再也不會用到的東西。 |
| 4. 負面情緒日記 | 記錄產生負面情緒的人事物或是話語，可以問自己以下問題：<br>・為什麼這個人讓我有不舒服的情緒？<br>・我為什麼討厭這個人？<br>・我該為今天的情況負什麼責任？<br>・我學到了什麼？<br>・如果我調整以後會有什麼好處？<br>・為什麼我允許它讓我不舒服？<br>・我可以釋放什麼，讓這件事情圓滿結束？ |
| 5. 日日靜心 | 想像自己被金黃色（選擇任何喜歡的顏色）的療癒能量包圍。如果當下有不舒服的地方，是否有訊息想傳達給自己，沒有馬上獲得答案也沒關係。想像身體的問題漸漸被解決，金光也逐漸消失。被光圈修復完畢的你，自然又美好。 |

| | |
|---|---|
| 6. 將利他視覺化 | 想像自己被金色氣場包圍（也可以選擇自己喜歡的顏色）。最後，想像光芒漸漸消失，就像對於想要的東西放手，並擁有實現願望需要的能量。 |
| 7. 感謝擁有的一切 | 每天睡前或起床前，寫下或在心中說出一到三件感謝的事情。可以寫在喜歡的筆記本、九宮格，或者記錄在喜歡的手機程式裡。 |
| 8. 放下自我，觀察別人的正念練習 | 練習「等待回應」的藝術。注意出現在面前的每個人，默默給予善良與體貼的想法，接受周遭人給你的愛。 |
| 9. 透過祈禱療癒世界 | 文字跟語言都具有療癒的力量。 |
| 10. 把握每年的 reset 日 | 每年有六次加速願望實現的祈禱機會：1 月 11 日、11 月 1 日 的 11:01、11:11、13:01、13:11、01:01、01:11。 |

我搭配的祈禱文是：

「親愛的神／守護天使／大天使◯◯／每一位看顧我的：某某事現在以令人滿意與和諧的方式，實現在我的生命中，並且讓所有人得到幸福。我隨時準備好接受這個豐饒宇宙的祝福，一切美好恩賜都逐漸降臨在我的生命中。希望我的（祈禱）想法，可以爲更多人帶來更多好處。如果這個想法不能善用於人生的原廠設定與天賦，請將它從我腦海中移除吧。如果這個想法可以善用我的天賦，請幫我鋪好成功的道路吧。請指引我所有的想法與行動。這件事情，或另一件更好的事情，現在以令人完全滿意且和諧的方式實現在我生命中。我接受越多就能給予越多，讓所有人得到最大的幸福。我接受此時此刻流向自己的能量。我值得最好的一切，這一切也正在擁抱我。」

這個練習也可以跟伴侶一起做，但請不要勉強對方，最好是對方自願也適合交心的狀態。這樣除了可以建立與伴侶之間的聯繫，付出與坦誠的感覺可以讓彼此更親近、更靠近。當然，也可以搭配赤腳接地氣練習。

以上的練習不見得適合所有人，在資訊爆炸、選擇多元的時代，有很多不同的身心靈練習方式，希望我的利他日常生活練習，可以給大家另一個角度的靈感與啓發。同時，也希望大家不需要完全照我的實作練習，期待每個人都能內化成自己喜歡的儀式。

## 舒緩利他時身心出現的不適

在練習過程中，也要注意隨著利他導致自身頻率提高而出現的「頻率轉換症狀」。在利他的過程中，若沒有透過以上的練習淨化，即便沒生病，身體也會出現許多變化來適應能量頻率的提升與轉變，因此會出現諸多不適症狀，如莫名焦慮或是恐慌，有點強迫症的小歇斯底里、拉肚子或是流鼻水、過敏等症狀。

我是在提升頻率的過程中有好幾個月莫名嗜睡，沒做什麼事情卻很容易疲勞，也不想運動。有人則是偏頭痛，頻率轉換會透過不同症狀顯現，尤其是自我覺察、能量頻率不高的人，症狀會更加明顯且嚴重。本書提供的這些練習，也是希望能幫助利他的靈性家人減輕這些身心靈的不適。

你可能也會經歷跟我一樣的拉扯，有點類似身體排毒的自然反應，心靈排毒也有類似的狀況。

你的身體可能已經習慣之前對自身頻率不好的習慣，比如晚睡、不運動、喝酒等，在利他的過程中伴隨這些練習，身體會產生「抗拒」的狀態。我們在釋放內心壓力與心靈毒素時，也跟戒菸、瘦身等排毒過程一樣。

有人可能會跟我一樣出現情緒化的舉動或是常做噩夢、磨牙、喘不過氣，甚至大哭，這時候請不要勉強自己，不要自我壓抑或強迫。試著逆向操作，除了勇敢面對過程中的不舒服，要「量化」自我傷害的欲望，比如以前天天一瓶廉價紅酒的我，現在逐漸降低成一週一瓶。在練習過程中，你會漸漸感受到自己加諸的壓力所導致的緊繃與恐懼，現在可以透過這些自我覺察的練習解脫，從長期緊繃的痛苦中釋放。

同時，每天保持運動、散步或鍛鍊身體大概半小時，如果真的沒時間，在家拉筋五到十分鐘也很棒。重點不在運動得多劇烈、多久、肌肉多痛，而是讓自己有持續運動的習慣。運動過程中或結束前後，盡可能與大自然接觸。雖然我是健身房會員，但還是比較傾向在大自然中運動，結束時搭配赤腳接地氣的練習踩在土地上，調整自己的身體能量。

如果居家環境許可，可進行每週一～二次、十五至三十分鐘的海鹽浴或足浴，我會搭配面膜以及按摩淋巴穴，不需要在睡前，想到就可以做。如果是上班族，可以在假日時間比較充裕時進行。

再來，我會每天抽出時間靜心或冥想，盡己所能提升振動頻率。靜心跟冥想可以搭配泡澡、運動、做家事等同步進行，比如聆聽高振動的靈性音樂、去美術館或藝廊欣賞藝術品或舞蹈節目，每天不定期深呼吸或早起到公園散步做森林浴，多做利他服務或有意識的透過網路分享傳播宇宙資訊，讓自己充滿創造性能量與自由、快樂的做自己喜歡的事情。

盡可能避開會吸引不好頻率的場所，如酒吧、舞廳、聲色場所、暴力場所（拳擊賽），或會降低能量頻率的場所（如電影院、ＫＴＶ）等，特別是ＫＴＶ，那是一個哀傷、充滿害怕孤單的集體空間，電影院則是播放恐怖片後的場域，能量會有點低。

斷絕會讓你減低能量頻率的人，只要發現能量頻率不對、相處起來感覺不舒服的人，一律避開。避開能量吸血鬼，就是那種一直要你幫忙卻從來不付出的人，也不要成爲那樣的人。我最多給這樣的人三次機會，沒有緣分就會漸漸遠離。

以上就是我在利他的每天，結合正念、靜心與顯現的心靈淨化生活大方向。配合身心靈淨化的利他生活，會讓你越來越心想事成。

後記

# 人生快樂的基本元素

不論是從十歲開始的佛系少女生活、陪伴鄉下的住持奶奶協助解決信眾問題，或是十八歲開始透過網路回答網友的感情與人生問題，到環遊世界看了超過百種以上的人生、回臺灣開始提供社群訂閱服務三年來超過三百位以上跨領域的客戶，我相信拿起這本書看到最後的你，人生中某個階段可能也跟我一樣，有過這樣的疑問：「人生好難，爲什麼我不快樂？」「爲什麼我解決了很多人的問題卻無法解決自己的？」

如果你目前處於一個不確定自己「活著」，或是覺得擁有了那麼多卻總是不快樂，甚至有莫名的情緒過不去，我希望這本書、我走過的人生，可以成爲你或你的伴侶在人生這階段的啓發、祝福與禮物，讓你更清楚自己是誰。

簡單來說，我觀察到多數人不快樂的問題往往來自於人際關係，不論是職場、伴侶或是家人，都跳脫不出這幾個面向，甚至金錢的問題與狀況也跟人際關係有關。這類型的人通常無法好好跟自己相處，甚至發生自毀前程的狀況。

想不透自己活著有什麼意義，是非常痛苦的一件事情。十歲時曾經想跳樓自殺的我，走出來之後才理解：「老天給我們禮物之前必先用磨難包裝。」如果我沒有經歷過這階段，也不會有同理心，更無法理解這種言語無法表達的苦，也無法寫出這本書吧？

希望這本書可以讓你獲得許多專業書籍理論外的靈感，因爲這是我主觀內化的人生經驗，並沒有絕對正確這回事。就像人跟人之間沒有正確解答，而是角度與立場不同。

「釋放自己內在的熱情」「運動」「持續接觸人群的利他」，是我自己觀察到人生快樂的三大基本元素。利他就是釋放自己內在的熱情與持續接觸人群，希望看到這本書的你擁有快樂的人生，也能跟自己和平相處。

這是我最想寫的一本書。希望每個有緣相遇的我們，在地球這個大遊樂園中，都能開心的體驗、練習利他。

# 利他實作書單

在利他的實作路上，這些書給我很大的鼓勵與啓發，也希望以下書目能成爲你們在利他這條路上的好朋友。

《更豐盛：工作與財富的奇蹟課程》

作者：瑪莉安 · 威廉森

《赤腳接地氣：日本醫師教你天天排靜電，連接大地療癒力量》

作者：堀泰典

《每一天都是全新的時刻：用創造預想畫面探索內在的自己，得到生命中所眞心渴望的》

作者：夏克蒂 · 高文

《召喚天使：邀請天使能量共創幸福奇蹟》

作者：朵琳・芙秋

《條條經絡通脈輪：從穴道打通脈輪，找回健康人生》

作者：約翰・克羅斯

《離開時，以我喜歡的樣子：日本個性派俳優，是枝裕和電影靈魂演員，樹木希林120則人生語錄》

作者：樹木希林

《最棒的一年：5個步驟，100％實現目標，讓計畫不再是空話》

作者：麥可・海亞特

《爲什麼幫助別人的你，卻幫不了自己？：用正念與基模療法療癒自我》

作者：伊藤繪美

《現在的工作方式還能持續多久？：未來人的行動波希米亞式工作與生活》

作者：本田直之、四角大輔

《眞正的整理，不是丟東西：物品是靈魂的碎片，整理是重生的過程》

作者：廖文君

《神心態：用科學方法打造內心強大的你》

作者：星涉

《松果體的奇蹟：覺醒內在潛能，改寫人生與身體的劇本》

作者：松久正

《運勢決定人生——執業50年、見識上萬客戶 資深律師告訴你翻轉命運的智慧心法》

作者：西中務

《原來，成功人士都這樣拜神許願：日本政要、企業大亨、武將首領，與神私密交流的幸福人生學》

作者：八木龍平

《守好你的心理界限，療癒你的內在小孩：善良的人，不一定要這麼辛苦！教你懂得保護自我，親近他人，擁有生活「自我決定權」的訓練》

作者：文耀翰

《關於能量：能量運作和日常生活的能量平衡》

作者：卡比爾・賈菲、瑞塔瑪・黛維森、瑪格列塔・貝梭、克李斯提安・巴赫特

《你，是自己的鑰匙：靈媒媽媽的心靈解答書》

作者：Ruowen Huang

《能量校準：告別耗損關係，加深滋養連結，每天都能做的能量斷捨離》

作者：丹妮絲 · 琳恩

《靈療 · 奇蹟 · 光行者：一個博士靈媒的故事》

作者：朵琳 · 芙秋

《人類木馬程式》

作者：李欣頻

《人類圖自學聖經：線上學習系統創辦人 Karen Curry 不藏私教學，157 張圖表教你勇敢做自己！》

作者：凱倫 · 柯瑞

《5W1H 經典思考法：容易獲得成果的人都在用》

作者：渡邊光太郎

《最強腦科學時間術：日本最會利用時間的醫師教你掌握效率關鍵，重整時間、優化學習、高效工作！》

作者：樺澤紫苑

《你可以不只是上班族：斜槓創業，複業多賺多自由的 27 天行動計畫》

作者：克里斯・古利博

《我在豪宅學到的人生功課》

作者：瑞恩・達戈斯蒂諾

Eurasian Publishing Group
圓神出版事業機構
用心與你對話・視野無限寬廣
方智出版社 Fine Press
www.booklife.com.tw
reader@mail.eurasian.com.tw
自信人生 163
利他存摺：天天累積，給出去的終究會回來
作　　者／許維真
發 行 人／簡志忠
出 版 者／方智出版社股份有限公司
地　　址／台北市南京東路四段50號6樓之1
電　　話／（02）2579-6600・2579-8800・2570-3939
傳　　真／（02）2579-0338・2577-3220・2570-3636
總 編 輯／陳秋月
副總編輯／賴良珠
主　　編／黃淑雲
專案企畫／賴真真
責任編輯／胡靜佳
校　　對／胡靜佳・溫芳蘭
美術編輯／林韋伶
行銷企畫／詹怡慧・黃惟儂
印務統籌／劉鳳剛・高榮祥
監　　印／高榮祥
排　　版／莊寶鈴
經 銷 商／叩應股份有限公司
郵撥帳號／18707239
法律顧問／圓神出版事業機構法律顧問　蕭雄淋律師
印　　刷／祥峰印刷廠
2020年5月　初版

定價 250 元　ISBN 978-986-175-552-6

只要你的心靈與愛同頻共振，
你在物質層面的任何匱乏都會獲得神聖補償，
靈性物質會顯化為有形的事物。

——《更豐盛：工作與財富的奇蹟課程》



國家圖書館出版品預行編目資料

利他存摺：天天累積，給出去的終究會回來 / 許維真著. -- 初版. -- 臺北市：方智, 2020.05
192 面；14.8×20.8公分 --（自信人生；163）

ISBN 978-986-175-552-6（平裝）
1.修身 2.利他主義

192.1　　109003267

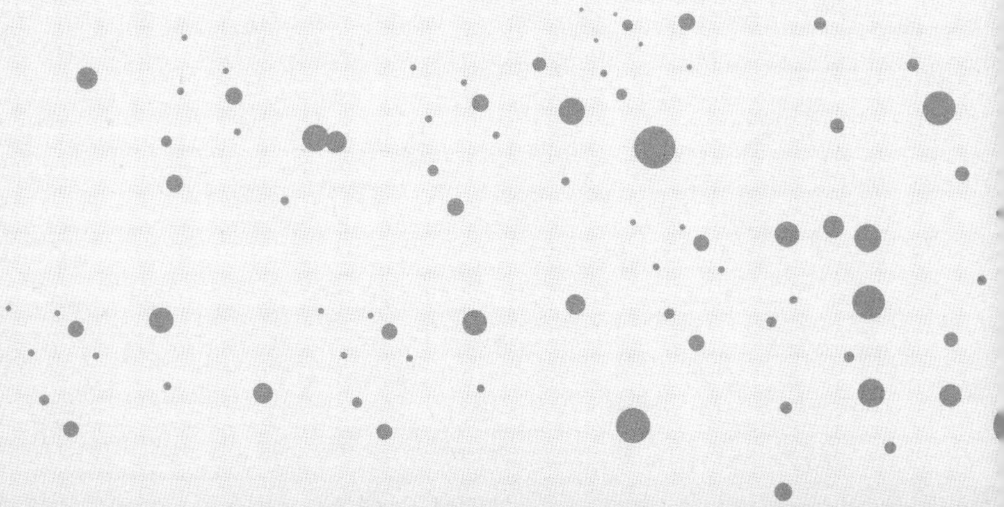

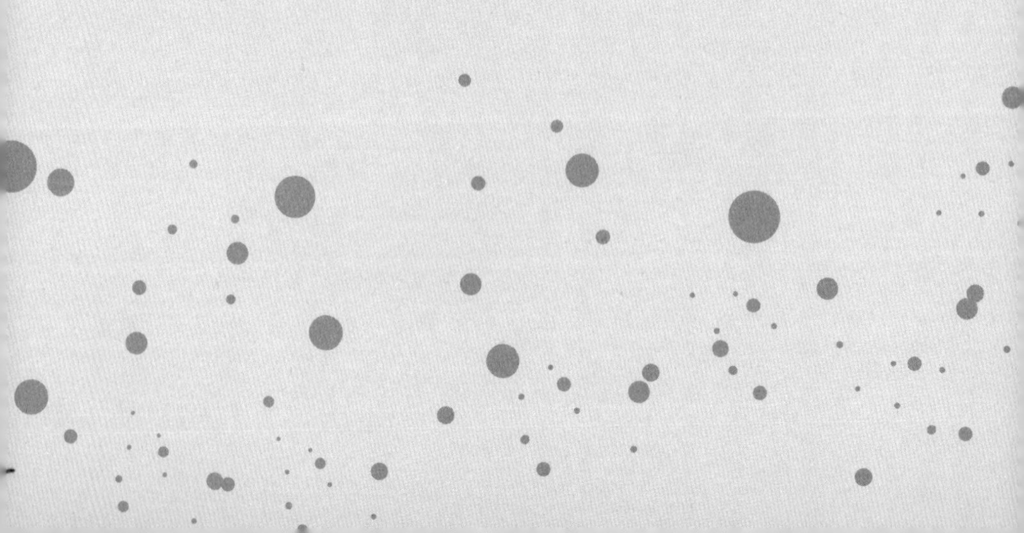